カイト地名と縄文遺跡
謎の関係

IFUJI KAZUKI
井藤一樹

幻冬舎 MC

カイト地名と縄文遺跡　謎の関係

はじめに

「カイト地名って知っていますか」

こう尋ねると、ほとんどの人が聞き返します。

「かいと？　初めて聞きました。どんな字ですか？」

「どこにあるの？」

「どういう意味？」

知られていないのは無理もありません。カイトの漢字表記には「垣内」「貝戸」「開戸」「廻戸」「海道」等多数あり、カタカナで「カイト」と記されることもあります。また表音も「かいつ」と呼ばれ、「会津」「開津」「貝津」と漢字表記されたりもします。ほぼ日本全国に見られる地名です。そして、カイトにはどんな意味があるのか？　これこそまさしく本書のテーマなのです。

日本の民俗学の先駆者である柳田国男ですら、その由来を解明できず、現在まで決定的な定説は得られていません。柳田は『垣内の話』の冒頭で、カイト地名に興味を持ち始めた理由について次のように記しています。

垣内（カイト）は思いのほかこみ入った問題であった。最初からもしこれがわかっていたら、あるいはまだしばらくは手を着けずにいたかもしれない。私たちが興味を持ち始めた動機は、

（一）垣内が日本のかなり弘い区域にわたって、分布している事実または少なくともその痕跡《こんせき》であるにもかかわらず、これに気づいている人はまだ少なく、今までに発表せられた二三の研究、たとえば小川、中山、野村氏等のそれは、ただある一方だけの現象を説明しようとしたに過ぎぬゆえに、推定がやや不安なるを免れなかった。今幸いに民間伝承の会の、各地の同志の協力が得られたならば、新たなる資料がおいおいに出現して、比較が可能になり、よほど確実に近い事が言えるようになるであろうということが一つである。

（二）次には中世以前の垣内については、やや豊富に過ぐというほどの古文書の資料が伝わっていて、現在はまだ整理と綜合が進んではおらぬらしい。それを民俗学の手で成し遂げるまでは望みがたいが、少なくとも当代にもなお跡を引いている不審であることを明らかにしたならば、自然に文書史学の興味を刺

載することにもなって、双方から歩み寄って、この一つの未墾地を開拓することになろうと思った。

柳田は、カイト＝垣内と記し、それが特定の一ヶ所を表す地名ではなく、日本の広い地域に現存、または痕跡という形で分布していること、これに気付いている人は少ないこと、カイトに関する中世以前の資料は豊富にあること等を語っています。

そして、私が知る限り、全国に分布するカイト地名は、それらに共通する性格を有する区域名であろうということ以外は、解明されていないのです。

おそらく中世以前から存在したカイトは、市町村名には皆無に等しく、大字名《おおあざ》にもわずかにあるだけですから、よほど地名に関心がある人以外がそれと気付くことはほとんどありません。たまにバス停、信号、橋の銘板、遺跡名、土地の登記簿謄本等で目にすることはありますが、漢字表記がさまざまで記憶に残ることはほとんどありません。それは一ヶ所のカイト地名の面積が約一〜三ヘクタールと狭いことと関係があります。したがって小字名《こあざ》だけに存在します。この面積はほぼ全国一律ですから、小字名にしか採用されなかったのです。

このように一つのカイトの面積が全国ほぼ一律であることは、カイト地名の由来を考える上でたいへん重要なことであります。カイトは地形的に明確な共通性があり、山麓・台地、丘陵の周縁部、山間の河岸段丘、扇状地等の小平地、すなわち地方の村々に存在し、現在人口の多い都市部、広い耕地の広がる洪積・沖積平野、人の住んでいない山地にはほとんどありません。多くの地名研究者もこのことには気が付いていていました。

私とカイト地名の出会い

私は史学も民俗学も独学でかじったのみの趣味の研究者です。昭和一七年、名古屋市に生まれ、空襲が激しくなって父母のふるさとである岐阜県郡上八幡の山奥へ疎開してそのまま現在に至っています。

岐阜県立郡上高校を卒業後、日本電信電話公社に入社。五二才で中途退職して、小さなカフェを営業しながら町議会議員三期のほか趣味の木工と郷土史や地名の研究、自然保護の立場での人工林の整備等を経験しました。

私の家が縄文遺跡に接していることを知ったのは、中学一年の頃だったと思います。子供の頃育った家の屋敷から一〇〇メートルほど離れたところに、その頃は地元小中学校教員の寮がありました。現在の私の家が建っている場所ですが、やはり同じ縄文遺跡に接しています。

当時担任の先生がその寮に泊まっておられたので、夜、遊びに行って、この周辺は縄文遺跡であることを教えていただいたのです。早速次の日曜日に先生の案内で畑や田んぼを歩き回り、縄文遺物の収集をしたのですが、当時は現在のように耕地整理もされておらず、探し始めてすぐに石鏃（せきぞく、硬い石製の矢尻）数点と縄文土器のかけら数点を発見したものです。

それが今から二四〇〇年以上前の縄文人により作られたものであることを知り、驚くと同時に不思議な感動で胸が高鳴ったことを鮮明に憶えています。それが考古学への好奇心を持ったきっかけであり、少しの間夢中でそこらあたりを探して、遺跡の範囲をだいたいつかめたものです。

そうこうしている間に高校進学、就職と忙しくなり忘れていましたが、仕事で岐阜市へ転勤となり、一〇年余りアパートから通勤しました。そんなある年に久々に帰郷して本当に驚いてしまいました。遺跡のある田畑がブルドーザーによりすっかり削り取られ、もとの様子がわからないほど変わり果てていたのです。耕地整理であり、農家のことを考えれば仕方が無いことですが、少しの間声も出ませんでした。

数年後、郷里に新築した自宅から通勤できる職場に転勤になりました。子供も大きくなり、家の一帯が縄文遺跡であることを話しました。期待は持てなかったのですが、晩秋の取り入れが終わった田んぼの中を一緒に探して歩くと、以前ほどではないが数点の石器が見つかりました。おそらく表土を再利用したためある程度は残存しているようでした。子供たち二人も夢中になり、夏休みの研究等でも私がびっくりするほどの成果を上げていました。


六〇歳を過ぎた頃、「郡上・地名を考える会」で会員それぞれの居住する地域の小字を調べることになりました。

まず小手調べに私の居住する郡上市八幡町大字那比の小字一五二ヶ所を表計算ソフトに投入して名寄せを実行してみました。結果は〇〇洞が二三ヶ所、〇〇平（ひら）と〇〇谷がそれぞれ一一ヶ所、〇〇会津・開津（かいつ）が七ヶ所で上位四位の順番でした。

洞・平・谷は山の中の村ですから多いのは妥当でしょう。しかし、会津・開津については全く見当がつきませんでした。『日本国語大辞典』で調べてみると「谷間の小平地」とあり、それ以外の解説はありません。郡上市の他町村の一部を調べてみますと、「垣内・かいと」「廻戸・かいと」等があることが判明しました。引き続き「かいと」で検索してみると次の解説が見つかりました。

垣内は地方によって、ケート、カイチ、カイツ、カキウチ、カキナイ、カクチなどともよばれ、ことばとしては現在ほぼ全国にわたって分布している。また、垣内という漢字をあてるほかに、海渡、街道などさまざまな当て字が行われている。

【一】垣内の意味する内容は、全国を通じてみればきわめて複雑多岐にわたっているが、およそ次のように類別できる。（一）地域結合、（二）集落の共有山林、（三）同族集団、（四）屋敷の一部名、（五）一区画の屋敷地、（六）屋号、（七）区画された一団の耕地、（八）一区画の原野、（九）地字（ちあざ）名。古くは一つであったと思われる垣内の意味が、各地でこのように分化してきた道筋と理由が問題になる。

【三】垣内が固有名詞として用いられる場合、通例その上に種々の名を冠してよんでいる。その呼び名は、ほぼ次の七通りに分けられる。（一）方角名を冠するもの。東垣内、上（かみ）垣内など。（二）地形を示すもの。谷垣内、原垣内など。（三）樹木名を冠するもの。栗（くり）垣内、柿木（かきのき）垣内など。（四）人名を冠するもの。平七垣内、伝五郎垣内など。（五）職業名を冠するもの。鍛冶（かじ）垣内、紺屋（こうや）垣内など。（六）社寺関係を示すもの。宮垣内、寺垣内など。（七）その他。百垣内、むじな垣内など意味のとりにくいもの。垣内に冠せられた名称によって、命名の動機をうかがうことができ、垣内の性格を考えるうえに有効な手掛りとなる。

（以下略）

これが私とカイトの初めての出会いです。その後、柳田国男の『垣内の話』『垣内の研究』も読みましたが、当時としてはむつかしく、また雑然としていてわかりにくい内容でした。したがって、その時点ではカイトに対する興味より、洞と谷の違いに強く惹かれていき、そちらの研究を優先しました。

本書のテーマ

カイト地名の存在を知ってから二〇年余りになります。当初は柳田国男でも攻略できなかった地名ということもあり、手をこまねいていました。私は地名研究以前に考古学、特に縄文文化に興味を抱いていました。ある時、郡上市八幡町那比地区の会津・開津地名七ヶ所と縄文遺跡の分布がほぼぴったりと重なっていることに気付いたのです。この時は本当に驚き、興奮で夜も眠れないほどで、ようやくカイト研究のスイッチが入りました。

まず郡上市のカイト地名抽出のため小字総数四五〇〇ヶ所のデータベースを作成しました。それにより郡上市のカイト地名と縄文遺跡の分布図を作成して、両者の関係がどれくらい密であるか検証しました。それにより、ほぼ満足できる確証を得て、岐阜県全域の小字データベースも作成、さらにカイト地名の多い奈良県のカイトの抽出と、カイト起源の時期を探るべく藤原京跡地、および平城京跡地のカイト調査を実施しました。

その後関東地方のカイト地名を調査し、ヤト・ヤツ地名もカイトの音韻変化、方言による変化であるという仮説のもとに、その根拠を求めて分布、立地調査を行いました。
また、カイトは公地公民制の一環として公に実施されたものと考え『日本書紀』『続日本紀』等の詔勅（天皇の命令を伝える公文書）等のほか、格《きゃく》（王朝時代に律令の不備を改め補うため、臨時に出された勅令や官符）の調査も行いました。

柳田国男はカイトに関する古文書等の資料は多く残されていると書かれています。しかし、地名としては多く残されていますが、カイトの意味や由来についての資料は全く無くて、自らの仮説のもとに状況証拠を積み重ねてゆくアプローチより方法がありません。

そこで、私は次のような仮説を立てました。

（1）大和朝廷の勢力が及ばなかった東北、北海道、および南九州についてはカイトがほとんど無いこと、および奈良県藤原京跡地にカイトが多く存在し、平城京跡地にほとんど無いことからカイト起源の時期は八世紀前半とする仮説を設定する。
（2）沖積平野、洪積平野等に多い弥生・古墳遺跡周辺にカイトがほとんど無くて、山麓・中山間地・台地・丘陵地等でブナ、ナラ等の落葉広葉樹林帯の縄文遺跡周辺にカイトが集中していることから、カイトは非農耕民（主に縄文人）の生業を、狩猟採集から農耕に転換させるために与えられた、政策的開墾地であろうという仮説を設定する。

この仮説では、本州や四国・九州の、背骨のような山脈の山麓に点在する縄文集落のうち、半数余りの集落は弥生・古墳時代になっても国や豪族等の支配・搾取を受けず、奈良時代前半まで棲み分けてきたという仮説が前提となる。

（3）関東地方のヤト・ヤツ地名は「谷」の字を「かい」と訓む方言が、後に「や」と訓む方言に変化、また、連濁・訛り・連体助詞・音韻の交替等により、カイトがヤト・ヤツに変化、すなわち関東のヤト・ヤツ地名はカイトであるという仮説を設定する。

（4）『続日本紀』の詔（元正天皇・養老三年）に「天下の民戸に一～二〇町歩の陸田（畑）支給、一反当たり粟三升の地子（税）」とあり、この（民部・かきべ）の集落（民処・かきどころ）に対する支給陸田がカイトであるとの仮説を設定する。民戸・かきと↓かいと（イ音便）と変化。

これらの仮説に基づいて、本文で詳述していきたいと思います。

本書の最も重要なテーマはカイトの意味、由来の探究です。そのため小字とは何なのか、その中のカイトとはどのような位置づけなのか、さらにいつ、誰が、どのような目的で設定したのか、各地のカイトの分布と立地性向を比較しながら、雑然とした未完の定説を具象化すべく、調査・研究した過程について記してあります。

世界に名だたる日本の縄文文化が渡来人とその子孫たちによりどれほど変化させられ、あるいは地方の縄文人たちにより、どれくらい残されてきたのかについて、追究してきました。『古事記』『日本書紀』や『続日本紀』などは大和朝廷の為政者、権力者の記録であり、カイトという特定の小区画の土地に刻まれた地名は古代日本の村々の歴史の記録であると考えます。本書によりこうした地名研究という方法論について興味を持っていただければ、これほどうれしいことはありません。

地名はその土地に複数の人が住み、生活を営むと同時に付けられた、当時の言語による記録です。そしてそれはカイトのように長い間に意味が忘れられたとしても、よほどのことが無い限り、全く違う地名に変更されることはそんなに無かったはずです。そうした前提のもと、最も歴史の古い小字地名の中に、日本語、日本文化の源流をたどってみたいと思います。

目次

はじめに……3
私とカイト地名の出会い……6
本書のテーマ……11

第一章

カイト地名とは

一、小字にのみ存在する地名……22
二、カイトの意味……23
三、小字とは……25
四、カイト地名の漢字表記……29
五、カイト地名の複合語について……31
六、カイトはいつ頃できたのか……32

第二章
研究のはじまり

一、縄文遺跡内に育つ……38
二、谷川健一先生との出会い……40
三、「郡上・地名を考える会」と小字地名……43
コラム 縄文時代概説Ⅰ……46

第三章
郡上市のカイト地名と縄文遺跡

一、郡上市のカイト地名と縄文遺跡の分布……50
二、カイト地名と縄文遺跡の分布調査……51
（一）カイト地名はあるが、縄文遺跡が無い地区……51
（二）縄文遺跡はあるがカイト地名が無い地区……56
三、縄文遺跡周辺の小字地名……59
（一）語頭・語尾に「サ」の付く小字地名……59
（二）「佐倉・桜」地名……63

四、カイト地名と小字面積の関係……70
五、カイトの分布と縄文人の自由観……75

第四章
カイト地名の起源と部民制

一、部民制とは……81
二、「民部（かきべ）」とカイト地名……85

第五章
奈良県のカイト地名

一、藤原京、平城京跡地のカイト地名……93
二、吉野地方のカイト地名……95

第六章
関東地方の谷戸、谷津地名について

一、ヤト・ヤツ・ヤ地名はカイトか……101

二、ヤト・ヤツ・ヤ地名の分布概況……103
三、ヤト・ヤツ地名等は地形を表す地名なのか……106
四、カイトがヤト・ヤツに変化したと考えられる根拠……111
①連濁《れんだく》（イズミカイト→イズミガイト）による変化……112
②連母音《れんぼいん》（イズミガイト→イズミガエト）による変化……113
③訛《なま》り（イズミガエト→イズミガヤト）による変化……114
④連体助詞《れんたいじょし》（イズミガヤト→イズミ＋ガ＋ヤト）による変化……114
⑤音韻の交替（イズミカイト→イズミカイツ）による変化……119
⑥無声子音《むせいしいん》に狭母音《せまぼいん》（イズミヤツ→イズミヤ）がついた音が語尾・文末に来た時の変化……121
⑦「谷」の字を「かい」、「や」と読む方言による変化……123
五、「谷・ヤ」はヤト・ヤツと同じではない……124
六、「泉垣内・イズミガヤト」はなぜ「泉ヶ谷戸」となったのか……128

第七章

小字地名の比較文化概論

一、五條市と郡上市の小字地名比較……135

二、奈良県になぜカイト地名が多いのか……143
コラム 縄文時代概説Ⅱ（縄文から弥生へ）……144

第八章 農耕を拒否する縄文人たち

一、「天下の民戸に一〜二〇町歩の陸田を支給……」……150
二、狩猟・漁労制限および肉食禁止令と農耕強制……152

第九章 結論 カイトから読み解く日本人の源流

一、縄文時代の人口概説……159
二、縄文文化の継承……161
おわりに……164

第一章

カイト地名とは

一、小字にのみ存在する地名

「はじめに」でも触れましたが、カイト地名には市町村名はもちろん、大字地名にもほとんどありません。ですからそんな地名は初めて聞くという方がほとんどだと思います。

私自身も小字地名の研究に関与して初めて知りました。ほかの小字地名が大字、市町村名になった例は少なからずありますので、カイトが市町村名に無いのは、カイト地名の意味が不明であったこと、カイトの面積が小さいことが要因であると考えられます。

カイト地名はかなり古い地名であり、文字が一般的に使われるようになった頃には、すでに意味がわからなくなっていたと考えられます。そのような地名がなぜ現在まで残ったのでしょうか。

地名とはその土地に住み始めた人々が土地上のある特定の場所を区切って付けた名前であり、住民全員が認知したものでなければなりません。ほんの最近、昭和の中頃まで、郡上のような山間の村々では土地は最も大切な財産であり、細かく区切られた耕地や山林は多くの小字地名で管理されていたのです。

ですからその地名を変更すること等考えられないことであったと思います。あるまとまった集落（大字）内に同じ小字地名がほとんど無いこともそうですが、地名が変わって混乱すること等あってはならないことだったのです。

地名の意味がわからなくても近世になってからはひらがな、カタカナ、そして適当な漢字の当て字で受け継がれてきたのです。それが子孫代々にわたって受け継がれていくわけですが、文字が一般化するまでは、ほとんど音韻のみで伝えられたものと考えられます。小字地名に意味不明な地名が多いのもそうした要因があるのです。

カイト地名も早くに意味がわからなくなっていますが、現在に受け継がれているのです。しかし、意味がわからなく且つ面積が少ないため、小字以上の地名に採用されることは無かったのでしょう。地名の意味がわかればそれにこしたことはありませんが、要はその地名（音韻・呼び名）で特定の場所がわかれば事足りたのです。

二、カイトの意味

カイトの意味については、以前より多くの地名研究者により調査研究がなされていますが、残念ながら確かな定説は判明していないようです。かの柳田国男は『地名の研究』の中で、『郷土研究』に必ず研究せらるべくして、ついにこれという説にも接しなかったのは垣内（かいと）の問題である。村の歴史を調べる人々にとっては遺憾なことであるが、つまりそれだけに込み入った概念を得にくい事柄なれば仕方がない」と記しています。

さらに「カイトの本来の意味は、ある有力なる一人の占有者の分内に、その被護者が許されて住み、かつ耕した土地であるとも書いています。ほかの研究者の説を拾ってみると、

（1）将来耕地にすることを予定して囲った土地。
（2）開墾地のこと。
（3）生産地として計画された区画が、やがて耕地や居住地になった土地。
（4）組や屋敷。
（5）土豪の垣の内。および小集落。
（6）洞とほぼ同じ意味で中世の新しい開墾地。
（7）山間の小平地。

（8）出村・分郷・枝村等の集落。
（9）まつろわぬ民を囲って管理した場所。

等々であり、およその面積（古代条里制の一坪、約一ヘクタール）、地形、位置等から推定された意味であり、どの説もカイト地名を構成する一部であることには相違無いとも思われます。

カイトは近畿・中部圏を中心に九州の南半分と東北地方・北海道を除きほぼ全国に分布しており、現在まで伝えられたことを考えると、ある時代にはかなり重要な国の政策等に基づく地名であったようにも思えます。

三、小字とは

小字とは土地の区画を表す最小の公称地名です。一般的に用いる住居表示等では番地が最小単位になりますが、それは所有権登記の一筆であり、それが何十筆、何百筆集合した区画が小字になります。小字の面積は定められておらず、地域によってまちまちです。

明治七、八年頃に全国的に地租改正が実施され、その時に作られた字絵図が基本的には現在でも法務局の土地登記業務、役場の固定資産税務等で使用されています。したがって私たちの家で大切に保管されている土地の登記簿謄本、毎年役場から送られてくる固定資産税の通知書等に小字地名が記載されているはずです。

私の住む郡上市八幡町那比・森地区には福常寺という浄土真宗の寺院がありますが、そこの古文書を調べさせていただいた時に、明治六年の「森区地券取調帳」という資料が見つかりました。地租改正を行うための元資料だと思われますが、小字地名・所有者・面積等が書かれています。

それによると小字地名は現在より数倍多く、現在の小字に併合された様子がよくわかります。その資料ではカイトの小字地名が二ヶ所のみとなっていますが、併合後の現在の小字では四ヶ所あります。

これを見た時一瞬目を疑いました。しかし何度見ても間違いなく、いろいろと調べた結果、以前からカイトも使われていたことが判明しました。

どこの地区も区長の引継ぎで重要書類の入った箱を引き継いできていますが、その中の一番重要なのは区内の土地の所有者を表示した大きな手製の地図です。

森区にもあったそうですが近年になって紛失したそうです。それには四ヶ所のカイト地名が記入されていたようです。おそらく、分家等で分筆されて便宜上いくつかの小字に分けられていたものが地租改正で復活したものと考えられます。

最近になり、私の隣組になる黒佐区の区長箱を見せていただく機会がありました。こんな古い書類は見ることも無いので捨てたい、と言われていたものを店のお客様が持ってきて下さったのです。

中身は先にも述べた小字ごとの田畑・山林の詳細図と検地帳をさらに詳しく地価等も記入されたものであり、地租改正の折の資料であると考えられます。

驚いたことに、一冊目の「洞口」という小字地名が朱線で抹消され、「大洞開津」と訂正されていたのです。さらにその横に「字違エハ　大ニ困却ス　改テ　大洞開津　以下倣之」と朱書きされていました。

この冊子は黒佐区で作成されたものであり、明治になって村の役場が江戸時代の領主から引き継いだ書類と突合して訂正したものと考えられます。長い間に意味のわからない「開津」が住民の間では「洞口」（大洞の入り口）に変わっていたのでしょう。

そのほかにも「中カイツ」が「大洞中開津」、「ジンデ」が「大洞上開津」と訂正されていました。先に述べた「森区」の会津が二ヶ所増えたのも同じ理由によるものでしょう。

当時の住民にとっては、いらぬおせっかいであり、迷惑なことだったと思いますが地名が守られたのはよかったと思います。ただ、大洞地区にはカイト地名が無いとばかり思っていた私には驚きだったのです。

現在の小字表記・表音はそれぞれ「大洞谷通・おおぼらたにどおり」、「大洞中谷通・おおぼらなかたにどおり」、「大洞上谷通・おおぼらかみたにどおり」であり、また表記も「開津」が「谷通」に変わってしまっているのです。確かに「谷通」は「かいつ」と読めますが、ルビが「たにどおり」となっていたので気が付かなかったのでしょう。

大洞地区は黒佐区の出村だと言われ、間に森地区を挟んだ飛び地であります。森・黒佐遺跡からは一キロくらい離れています。黒佐区に与えられたカイトと考えられないことはありませんが、大洞地区にも縄文遺跡があったことも考えられます。古文書を持ってきて下さった人に石器等を見たことが無いかと聞いても、それらしいものは見ていないという回答でした。

四、カイト地名の漢字表記

カイトは漢字が一般に普及する以前に付けられた地名であり、カイトという音韻のみで言い伝えられてきたと考えられます。初期の検地帳でもかな表記で記録されている例が多く、漢字表記されたのは中世以降と思われます。その頃にはカイトの意味が忘れられ、適当な漢字が地域ごとに、当て字されたのでしょう。あまり当てにはなりませんが、カイトの意味を探るため漢字表記を調べてみました。

カイト地名は郡上市約四五〇〇の小字のうち「〇〇洞・ほら」、「〇〇山」、「〇〇平・ひら」についで四番目に多く、約二〇〇ヶ所に及びます。

ちなみに岐阜県全体で一〇八五ヶ所ほど、奈良県は五〇〇〇ヶ所余り、千葉県については後述しますが「谷・ヤツ」がカイトと同じであれば五五〇〇ヶ所以上あります。

郡上市において一番多い漢字表記は「会津・かいつ」が九七ヶ所、続いて「垣内・かいと、かきうち」が四四ヶ所、「街津」が一〇ヶ所、「開津」が八ヶ所、「ケ市」が八ヶ所、「カイツ」が七ヶ所、「廻津」が六ヶ所、「谷津」が四ヶ所、「谷通」、「貝津」が各々三ヶ所、「街道・海道・皆津・海津・貝戸・開地」各一ヶ所と全部で一六種類に及びます。

まだ省略型として、「雷垣」、「廻り垣」、「下村垣」等が数ヶ所ありますが、確証がありませんのでカイトに含めていません。範囲を全国に広げると倍以上の表記が見受けられます。

現在収集しているカイト表記を挙げると、郡上市の一六種類以外に、垣戸・垣外・皆戸・皆外・海渡・海外・海戸・海東・開渡・開外・開道・開土・貝渡・貝外・改戸・欠戸・会党・貝内・街戸・貝津・開都・開戸・カイト等があります。

茨城県はじめ関東では谷戸《やと》、谷《やつ》、谷《や》ツと呼ぶ区画もカイトの可能性があります。関市武儀にも谷津と書いてカイトと呼ぶ小字がありますし、郡上市八幡町にも「小谷通」と書いて「おがいつ」と呼ぶカイト地名があります。

カイトが奈良県起源であれば「垣内」が一番正しい表記と考えられますが、「垣内・かきうち→かきち→かいち→かいと」と音転、音便変化・転訛したのではないかと推測されます。「垣」を「かい」と読む例として「垣間見る・かいまみる」があり、「垣・かき」の「き」がイ音便化したとも考えられます。

しかし、全国のカイト地名表記を見ると、カイトは「かきうち」が変化したものではなく当初から「かいと」表音であったと考えた方が妥当かもしれません。したがって、奈良県、岐阜県飛騨地方においても「かいと」表音に「囲われている土地」というカイトの概念を考慮して「垣内」という漢字を当て字したとも考えられるのです。

全国的に大字ごとにほぼ同じ表記が使われており、長い間にカイトの意味が忘れられ、地域ごとに適当に漢字を当てたと考えられるため、漢字表記からカイトの意味を探るのは無理があるようです。

また、小字全体に占めるカイト地名の割合は郡上市で四・五パーセント、全国一多いとされている奈良県は約五〇〇〇ヶ所以上のカイトがありますが、小字の総数も約一三万ありますので四パーセント前後となり、そんなに突出しているわけではありません。奈良県、関東地方のカイトについては、別章で詳細に記述いたします。

五、カイト地名の複合語について

カイト地名は「垣内」のみの単語で用いられる場合もありますが、ほとんどの場合は「東垣内」のように「東」等の語と「垣内」の複合語で表されます。複合語の場合、後に来る単語が主たる意味を表し、その語頭が、か・さ・た・は行の場合は

「連濁」といって濁って発音される場合が多くなります。

カイトの場合、同じ地域（大字等）にカイトが複数箇所ある場合にどこのカイトか区別するために前に名詞が付加されて複合語になったものです。「東垣内」の場合、後ろに来た体言の「垣内」がこの複合語の主たる意味を表すものであり、連体助詞の「の」を加えてみると「東の垣内」であり、カイトには違いありません。これの前後が入れ替わると「垣内東」となり、「垣内」の東側の場所を表す地名であり、もはやカイトではなくなります。

したがって、ある区域に「東垣内」のみがある場合、中心となる「垣内」もしくは「中垣内」、および対極となる「西垣内」が何らかの理由で消滅したものもあると考えてよいと言えます。このことは東西南北のみでなく、大小・前後・上下の場合も当てはまります。

六、カイトはいつ頃できたのか

カイトと思われる記載が確認できるものが、『万葉集』大伴家持の歌に二例見受けられます。

「わがせこが　古き可吉都（かきつ）の　桜花　未だ含（ふふ）めり　一目見に来ね」の場合、万葉かなで「可吉都」と表記されています。もう一首では「可伎都」と表記されていますが、私はこの例はカイトではないと考えます。

おそらく彼が北陸へ赴任した時の屋敷内に咲く桜のことを歌った歌だと思いますが、越中の国、国司という高官であったから、さだめし豪邸であったと考えられ、「垣ノ内」ではなかろうかと推測します。

カイト地名の記録については、鎌倉時代以降に多くの記録が残されているようですが、カイト起源の時期、意味についての記述は残されていません。

ここからは、私が調査した結果からカイト起源の時期を解き明かしていきたいと思います。そこで、以下の仮説を立ててみました。

(一) カイトの発祥は一一八九年以前である

カイトはほぼ全国にありますが、私が調査した範囲では岩手県、青森県・秋田県・山形県には一ヶ所もありません。また、宮城県・福島県についても極端に少なく、東北地方には部分的にしか国の権力が及んでいなかった時代に付けられた地名であることが読み取れます。

一一八九年、奥州合戦により平泉の藤原氏は源頼朝により滅ぼされます。これによりようやく日本は全国がほぼ統一されました。したがって、一一八九年以降にカイトが実施されたのであれば岩手県、青森県等にもカイトがあるはずです。

このことによりカイトの発祥は一一八九年以前であることは確実と言えます。

(二)カイトの発祥は七八四年以前である

奈良県大和盆地のカイト地名分布図を作成したところ、藤原京跡地と平城京跡地のカイト分布に大きな違いがあるということに気付きました。藤原京跡地には多くのカイトが存在するのに、不思議なことに平城京跡地にはわずかしか存在しないのです。

藤原京は六九四年に飛鳥京より遷都して、七一〇年に平城京に遷都されるまでの一六年間、平城京は、七八四年に長岡京に遷都されるまでの七四年間大和朝廷の都でした。いずれも大和盆地の中に位置します。

したがって、カイトの発祥は平城京が廃止された七八四年以前と考えられます。

(三)カイトは七四三年以前には存在した

条里制地割が制定されたのは大化の改新の時ですが、実際に工事が行われたのは七四三年が最初と言われています。奈良盆地で実施された条理制区画を奈良女子大の『小字データベース』で調べてみますと、カイト地名区画が条里制区画から外されて実施されている場合が多く見受けられます。

このことからカイトは七四三年以前にすでに実施されていたと考えられます。

(四)カイトの施行は七二〇年~八〇〇年の間に行われた

九州南部にもカイト地名はありません。七二〇年に隼人が大和朝廷に対して起こした反乱により、当該地域への班田収授の適用は八〇〇年頃まで先送りされたようです。

したがって、カイトの施行は七二〇年以降、八〇〇年以前となります。

私説ですが、隼人の乱は前年に出された「天下の民戸に陸田一~廿町歩を支給する」という詔が関係していると考えます。

(五)カイトの施行は七一九年以降である

『続日本紀』によれば、養老三年(七一九年)に「天下の民戸に陸田一~廿町歩を

表-1 カイト地名ができた時期推定

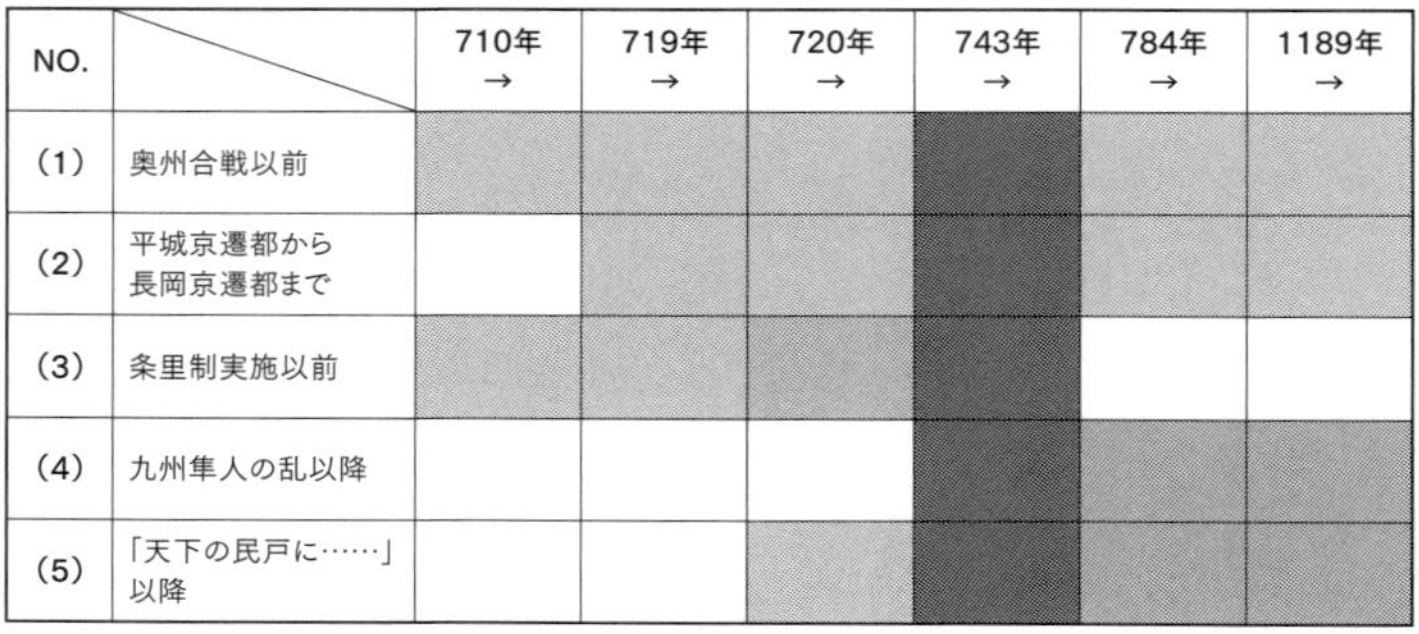

五項目すべてが重なる濃い塗りつぶしの期間がカイトができた時期か　筆者作成

支給する」という詔が発出されました。陸田とは畑のことと思われます。郡上市のカイトの立地を見ますと、ほとんどの場所は畑・屋敷であり、田であるところも江戸時代以降に転換されたものです。「天下の民戸（みんこ）……」ではなくて、私は「天下の民戸（かきと）……」と読み、天武天皇六七五年に収公された最後の民部（かきべ）であり、その集落「民処（かきどころ）」を指すと考えます。

以上五項目については**表-1**でまとめてみました。カイトの施行はとりあえず、その可能性のある期間ですべてが該当する七二〇年から七四三年（濃い塗りつぶし）の間であると設定しました。

第二章

研究のはじまり

一、縄文遺跡内に育つ

民俗学者の柳田国男はその著作『垣内の話』の冒頭で、「垣内（カイト）は思いのほかこみ入った問題であった。最初から、もしこれがわかっていたら、あるいはまだしばらくは手を着けずにいたかもしれない」という言葉で書き始めています。カイトは柳田国男のファンクラブとも言うべき全国組織「民間伝承の会」で取り組んだ共同研究であったらしいのですが、その後の成果報告は目にしていません。

柳田国男本人も自信を持って臨んだと思えるのですが、カイトは彼をもってしても手強かったのでしょうか。このようにこの本の題名の通り大きな謎を秘めた地名の一つなのです。カイト地名についてはもう二〇年以上前から気にかかり、資料を収集していましたが、長い間全く取り付く島もありませんでした。私は偶然、郡上市のカイト地名と縄文遺跡の分布がほぼ重なっていることを目にして、この二つのキーワードをもとに調査研究を進めています。

最初は縄文時代の地名かと色めき立ちましたが、調査を進める過程でそうではないことに気が付きました。カイト発祥の折にカイト適用に合致する集落がたまたま縄文遺跡周辺に多かったということではないかと思います。もしそうだとしてもそれはそれで素晴らしい発見だと考えました。縄文遺跡のある場所に農業をしない非農耕民が居住していたということになります。その集落は縄文時代から継続して集落が営まれていたと考えられるからです。

しかし奈良県の例のように、一筋縄で行かないことはすぐわかりましたが、ここまで来て諦めるわけには行きません。途方も無い数の小字地名の中からカイト地名を拾い上げ、地図上の場所を特定し、奈良文化財研究所の『遺跡データベース』と突合していかねばなりませんでした。

「はじめに」でも触れましたが、私の家が縄文遺跡に接していることを知ったのは、中学一年の頃でした。当時は現在のように耕地整理もされておらず、探し始めてすぐに石鏃数点と縄文土器のかけら数点を発見したものです。

その後一度郡上を離れましたが、十数年ほどで帰ってきて、地元小中学校教員の寮だったところに家を建てました。晩秋の取り入れが終わった田んぼの中を子供たちと一緒に探して歩くと、数点の石器が見つかりました。子供たち二人も夢中になり、夏休みの研究等で私の知らなかったほかの二地区の縄文遺跡も調べ上げていました。

それに同行して私も他地区の縄文遺跡も調査するようになり、石皿や打製石斧・

磨製石斧、石匙、石錐等も収集できました。そして近くの寺の住職から、以前枕石という石器や石皿等が保管されていたが、紛失して見当たらないとのことや、宇留良の遺跡からは石剣二本が発見され、近くの白山神社に保管されていましたが、これも紛失して行方がわからないこと等を聞いて、次第に縄文の生活の様子が描けるようになってきました。

そうした結果から私の住む郡上市八幡町那比地区一一集落のうちの、四ヶ所の縄文遺跡のある集落のみに、カイト地名が存在することが判明したのです。その時は「カイトは縄文語に違いない」とたいへんな事実を発見したと大喜びをしたのでした。

二、谷川健一先生との出会い

私の住む郡上市には「郡上・地名を考える会」という会があり、創立以来三〇年以上活動を続けています（近年では、会員の高齢化とコロナでいよいよ存続が危うくなっていますが……）。この会での研究テーマが「身近な小字地名の研究」であり、それぞれの会員の住む足元の小字地名を調査研究するということでした。しかし郡上市にどんな小字地名があり、どのように分布しているのかわからないということから、当時比較的暇であった私が収集して資料を作ることになったのです。

故池田勇次氏から生前にいただいた資料があったのでそれをコピーして配布すればよかったのですが、手製の資料であるため、汚れや文字が褪せて見にくい箇所も多くあり、さらに二〇〇ページにも及びます。検討の結果パソコンも普及してきたのでエクセルのデータで配布することになりました。


谷川先生に初めてお会いしたのは、多分、郡上八幡・立光で故桃山晴衣さんと土取利行さんが開いていた立光学舎でイベントがあった時だと思います。

当時私は立光学舎へ頻繁に出入りしていた関係から、桃山さんに「今度のイベントには谷川健一先生がおいでになるから来ないか」と誘われたのです。私は先生の著作を何冊か読んで感銘を受けていたので、喜んで参加しました。イベントが終わった後に桃山さんから紹介され、私も自己紹介したのであるがその時は先生と桃山さん、土取さん、そのほか数名の関係者の話を後ろの方で聞いていただけでした。

実は「郡上・地名を考える会」設立のきっかけも桃山さんと谷川先生との話の中で提起されたものであり、その後関係者の間でとんとん拍子に話が進み、発起人は故谷沢幸男氏、故高田英太郎氏等そうそうたるメンバーのもとに進められました。

私も当初から「郡上・地名を考える会」の設立に関わっていたので、平成元年九月の設立総会には谷川先生と二度目の出会いとなり、さらに翌年九月には全国地名研究者大会郡上大会では三度目となりました。

平成八年十月に大和町のイベントに招かれて郡上へ来られた時、十月五日夜、「郡上・地名を考える会」では先生を囲んで楽しいひと時を持つことができました。七日の朝、私の車で宿までお迎えに行き、美並村の故池田勇次氏の案内で星宮神社・円空資料館を回りました。正午前に資料館を出て、八王子峠を越して新宮神社に参拝したあと、我が家で妻の手料理の昼食をとっていただきました。

そのあと新幹線の岐阜羽島駅までお送りする二人だけの車中で、「井藤君、その後小字地名の研究は進んでいるかね」と聞かれて返事に困ったことや、突然「井藤君の奥さんは霞のような人だね」と言われましたが、意味がよくわからなかったことも憶えています。岐阜羽島駅に着くまで独学についてお話しされました。先生は私のような学歴も無い一会員に対等に接して下さる温かい人柄であられ、私にとって至福の一日でありました。

それから一週間くらい後に『独学のすすめ』という本が送られてきました。また、先生の記憶力には目を見張るものがあり、最初に桃山さんの立光学舎でお会いした時に自己紹介したと言いましたが、次回お会いした時には顔も名前もしっかり憶えていて下さり、感激したものです。

最後にお会いしたのは先生が文化功労賞をお受けになられた東京での祝賀の席でありました。宴の始まる前に、会場の控室で先生と数人の会員と共に歓談していて、先生から私の紹介をして下さり「井藤君の奥さんはねー、霞のような人なんだよ」と付け加えられました。「ええっ」と私は驚きました。驚いてまたしてもその理由を聞くのを忘れてしまい、妻から頼まれていたのにもう聞くことはかなわぬことになってしまいました。

先生がいつも期待していて下さったカイトの研究も、先生のご存命中に結果を見ていただくことはありませんでした。先生があまりに元気であられたし、私も癌に侵されていることがわかり、一時呆然と暮らしていたため、かなわぬことになってしまったことを悔いました。

三、「郡上・地名を考える会」と小字地名

前節でも少し触れましたが、「郡上・地名を考える会」では地名を守る活動のほか、

郡上市各地の地名探訪や研究発表の実施と併せて、小字地名研究を主要テーマに掲げてきました。

当時会員だった池田勇次氏が美並村の小字地名を幅広く研究されていましたが、その他の町村ではほとんど手が付けられていませんでした。数名のメンバーで意気込んで始めましたが、それぞれ働き盛りで仕事に追われて、会合を持つのもままなりませんでした。

私自身も思いもかけず八幡町の議員を務める羽目になり、一〇年余り研究から遠ざかっていました。その後、会の再起を促して、小字研究に取り組みやすい環境を作るために、郡上市全体の小字地名データベースを作成することになり、言い出しっぺで比較的パソコンの扱いに慣れている私が主になって始めました。

市役所の各支所を回って字絵図を収集しましたが、これから一つ一つ投入していてはいつ終わるかわかりません。最終目標は岐阜県全域のデータベースの作成です。幸いにも『角川地名大辞典』岐阜県版に県内すべての小字地名が掲載されていることが判明し、それを参考にしてまず郡上市の投入にかかりました。

エクセルデータを作成するのですが、手持ちの入出力装置、アプリケーションを使うフロー図に従って開始したところ、全くうまく行きません。まずスキャナーで一ページ分を画像化して、次にOCR（光学的文字認識）で読み取ってテキスト文に変換するのですが、どう調整しても一〇~二〇パーセントの文字誤変換が発生してしまうのです。とりあえず郡上市については一つ一つ修正してcsv（カンマ区切りの単語）に変換してエクセルに流し込むこととしました。

　こうして約四五〇〇の小字地名のデータベース作成が完了しました。私はエクセルデータをさらにファイルメーカーというデータベースソフトに変換して、試しに山・谷・田・洞・平《ヒラ》等比較的多い小字を検索してみると、どの地域にどんな小字が多いのか一目瞭然でありました。

　特に驚いたのは洞・田・平についで四番目に多いのがカイト（郡上市ではカイツ）であったことです。上位十地名のうち意味のわからないのは「洞・ホラ」地名とカイト地名のみでありました。この結果を受けて私は洞地名を調査し、ほぼ判明したあとはカイト地名の調査を始めたのです。

　こんなに多く（約二〇〇ヶ所）あるのですからそんなにむつかしくはないだろうと高をくくっていたのですが、どうも一筋縄では行かないことが徐々に判明しました。

コラム

縄文時代概説 I

縄文時代とは縄文土器を使用した時代であり、作られた土器の形式や紋様等の特徴の変化により六つの時期区分に分けられます。始期や終期等については種々の説があるようですが、およそ次のように区分されます。

草創期　一七〇〇〇年前～一一五〇〇年前
早期　一一五〇〇年前～七〇〇〇年前
前期　七〇〇〇年前～五五〇〇年前
中期　五五〇〇年前～四四〇〇年前
後記　四四〇〇年前～三二〇〇年前
晩期　三二〇〇年前～二四〇〇年前

旧石器時代と縄文時代の違いは土器と弓矢の使用、磨製石斧や石皿等の使用、定住化の始まりと竪穴住居等の普及、植物栽培（自然栽培）の始まり、後期頃から稲作も始められた痕跡もありますが、主は狩猟採集・漁労であったようです。特にブナ・ナラ・クリ・トチ等の落葉広葉樹林帯における、豊かな生態系に支えられて、早くから定住化が進み、安定した集落経営が形成されていたと考えられます。世界中の定住した古代文明を見てみますと、そのほとんどが農耕を主な生業としているようです。狩猟採集・漁労のみで定住化を果たした文明は稀有な存在だと言われています。それは日本列島の生い立ちにあり、深海から四〇〇〇メートル近い高山まであり、温暖な気候、豊かな水、それらに育まれた動植物の生息等生物多様性に支えられた恩恵であったと考えられます。さらに農耕は富の蓄積による、戦争を誘発します。周囲を海に囲まれ、他民族の進入による伝染病も少なかった等の幸運な条件に恵まれていたからでしょう。

本書で関係する時期は縄文晩期以降となりますが、以降で改めて解説したいと思います。

第三章

郡上市の カイト地名と縄文遺跡

一、郡上市のカイト地名と縄文遺跡の分布

私がカイト地名研究の前途にようやくかすかな灯りを見つけたのは、以前作成した郡上市八幡町の縄文遺跡の分布図に、新たに発見した一ヶ所を追加していた時です。

「分布図」で索引すると多くの項目が出てきましたが、「八幡町那比のカイト地名分布図」を見た瞬間に、まさか、と驚くと同時に期待に胸が高鳴りました。前にも触れましたが私の住んでいる郡上市八幡町那比地区にあるカイト地名一一ヶ所はすべて四ヶ所の縄文遺跡の中か、ごく近い周辺にあったのです。どういうことなのか咄嗟には見当がつきませんでした。

「カイト地名と縄文遺跡は何か関係があるのであろうか」

「カイトはもしかして縄文時代の地名であろうか」

そんな疑問が頭の中をぐるぐる回り始めました。取り付く島の無かったカイト研究の突破口になるかもしれない——そんな期待が頭をもたげたのです。

もう少し多くのサンプルを収集する必要があると思い、「郡上市縄文遺跡の分布図」と「郡上市カイト地名の分布図」を合わせた分布図を作成することにしました。

まず郡上市全体の大字ごとの縄文遺跡の分布図を作成しました。資料は奈良文化財研究所の遺跡データベース、郡上市の旧各町村史等である。その分布図に先般作成済みの郡上市小字地名データベースにより抽出した約二〇〇ヶ所のカイト地名分布を重ねてみると、ほぼ那比地区と同様の結果が得られました。

〝ほぼ〟という理由は、縄文遺跡はあるが付近にカイト地名が無い地区、その反対に縄文遺跡が無いのにカイト地名がある地区がそれぞれ二〇パーセント前後あったからです。こうなると私の探求心は止まらない。近いところからしらみつぶしに周辺の小字地名の調査、グーグルアース等による地形の調査、それに基づく現地踏査を行い、まずカイト地名があるのに縄文遺跡が無い地区を踏査しました。その結果、いとも簡単に縄文遺跡を三ヶ所ほど発見したのです。以下はその発見例の記録です。

二、カイト地名と縄文遺跡の分布調査

(一)カイト地名はあるが、縄文遺跡が無い地区

郡上市八幡町亀尾島向・荒倉地区

この地区には白山神社を中心にカイト地名が四ヶ所と矢田・桜田・桜畑・的場な

ど縄文時代と密接な関係のある地名が集中しているし、地形的にも縄文遺跡がある条件がそろっており、確実に縄文遺跡があると目星をつけ、調査対象にしました。亀尾島向地区に住む知人に問い合わせてみましたが、聞いたことも無いし知らないという返事でした。

盆休みで帰郷していた次男に話したところ、今から現地調査しようということになり、中一の孫娘（長男の子）と三人で調査に出かけました。

白山神社前に車を停めて神社境内を調査しました。早速私が見つけたのが参道左側の一段高い場所に据えられている直径上部五〇センチ、下部四〇センチ、高さ五〇センチ余りほどの大きな石棒のような石です。

力石にしては大きすぎるし、真ん中より上部に一周するくぼみが彫られていました。下部が少し地中に入っていますが、石棒であればかなり大型です。境内の参道を含めて半分くらいは玉砂利が敷かれており、地表面は出ていないため、周辺の地表を探索したところ、いとも簡単に打製石斧が数個と石鏃が三個見つかりました。石鏃二個は孫娘の発見でした。

図―1はこの白山神社周辺の縄文遺跡とカイト地名の位置関係を示した図です。神社周辺が「白山会津」であり、その二〇〇メートル以内にほかの三ヶ所の「カイト」があり、縄文遺跡と「カイト」地名の関連性がさらに深まったと考えられます。

　ただ歩岐会津と下礫会津は亀尾島川の対岸であり、隣接する荒倉地区にも別の縄文遺跡がある可能性もあります。向地区には一〇戸余りの民家があり、神社周辺は田畑になっています。住民の中には石鏃等の石器の存在に気が付いている方もおられるのではなかろうかと思われます。

　石棒についても古老に聞き取り調査を行う必要がありますが、とりあえず「白山会津縄文遺跡」と仮命名しました。

　その後、白山神社隣の室屋さんにお聞きしたところ、付近から矢尻石が出ることは知ってい

図－1　縄文遺跡とカイト地名の関係図

国土地理院地図をもとに筆者作成

るとのことであり、それは昔そこに的場があったからであると言われ、その証拠に白山神社の前の参道付近は「的場」という小字であるとも言われました。調べてみると確かに「的場」という小字がありました。

神社があるから流鏑馬神事等が行われた時代があったとも考えられますが、石器の矢尻を付けた矢を使う流鏑馬は聞いたことも無いし、それ以外で的場を必要とする理由も思いつきません。単に矢尻石がたくさん出土したからこのあたりに弓矢の練習場（的場）があったに違いない、ということで付けられた地名のようです。

これがきっかけで奈良盆地や吉野地方に特に多い「的場」地名について調査したのですが、結果は全く意味が違うようでした。的場地名については別の機会に譲りたいと思います。

八幡町洲河地区

洲河地区には九ヶ所のカイト地名がありますが、縄文遺跡の記録はありません。友人と二人で調査に行き、白山神社付近の農家で尋ねると白山神社前の道を野々倉へ向かって二〇〇〜三〇〇メートル先に「持穴口」という小字があり、昔そこで石鏃等の石器が拾えた、とまたしても簡単に見つかったのです。

現場は現在杉やヒノキの林になっており、草等で地表が出ておらず石器等の散布は確認が取れませんでした。付近で薪を作っておられた人に尋ねたところ同じ回答でありました。

地形的には谷川が湾曲した南向きの小平地であり、背後の低い尾根は白山神社まで緩やかに下り、シカやイノシシの通過を確認できる場所であり、立地的にも縄文集落の適地です。しかし、この持穴口は集落のはずれであり、地形的には白山神社周辺にもう一ヶ所同じような場所がありそうな気もしました。

その他地区

カイト地名の分布を見る限り、縄文遺跡が未発見の場所はまだかなりあると考えられますが、宅地化、耕地整理等が実施され、ほぼ消滅して今後も発見されない可能性があります。他地区からの移住等で歴史の浅い集落や、縄文集落以外の非農耕民集落は遺跡として認知されていない場合がありますので、カイトがあっても遺跡が無いことがあります。

（二）縄文遺跡はあるがカイト地名が無い地区

八幡町美山中之保地区

カイトについて地元の人たちに聞いても、中之保育ちの私の妻に聞いても不明でありましたが、数年後に当地区の吉田家古文書の中に江戸時代の検地帳が残されていることを知りました。調査の結果、現在「恵武佐」「小倉」となっている二つの小字は江戸時代前期には「えむさかいつ」「おぐらかいつ」と表記されていることを発見しました。両方とも美山遺跡の中であり、間違いなくカイト地名なのです。

おそらく明治の地租改正の折にカイトが切り捨てられたものと考えられます。隣接して松葉地名があり、荒嶋神社がありますので、古くから集落が営まれていたと考えられます。

白鳥町前谷地区

当地区もカイトは皆無と思っていましたが字絵図をよく見ると（イ）として欄外に中廻津がありました。周土遺跡の真ん中であり、中廻津がある以上、下廻津および上廻津もあったに違いないのです。

なぜこの中廻津（〇・一ヘクタールくらい？）だけ残されたのか不思議です。しかし、当地区の字絵図をよく見ると、次項美並町粥川地区と同じく小字面積が広いのに気が付きました。隣接して松場地名があり、そこに白山神社がありますので、ここも縄文時代より集落が営まれていたのは確実です。

美並町粥川地区

粥川地区には七ヶ所もの縄文遺跡があるにもかかわらずカイト地名は皆無です。弥生、古墳遺跡も確認できませんのでほかに原因があると考えられます。

この件については後に調査の結果、小字面積が他地区の五〜六倍あることが判明しました。カイトの面積はほぼ全国同一であり、一〜二ヘクタール前後ですが、粥川地区の小字面積は五〜六ヘクタールであり、カイトは小さすぎて小字に採用されなかったようなのです。通称地名としてカイトが伝えられていないか調査の必要がありし検討中です。

その他地区

縄文遺跡があってカイト地名が無い場所については、以下のような種々の理由が考えられます。
（イ）奈良時代以前に、何らかの理由により集落が消滅した。
（ロ）縄文遺跡には石器や土器破片が散布する包含地が多くあり、発掘調査も行われていなくて集落があったかどうかも確認が取れていないものが多い。一時居住地であったもの、狩場跡等も含まれている。
（ハ）明治の地租改正等によりカイトが削除されたもの。

以上、郡上市のカイト地名と縄文遺跡の分布調査について、**表－2**にまとめました。

表－2 郡上市のカイト地名と縄文遺跡等分布表

		八幡町	白鳥町	美並町	大和町	和良町	高鷲町	明宝	計	カイト計
①	カイト○、縄文遺跡○	22	20	6	12	3	4	14	81	162
②	カイト○、縄文遺跡×	4	5	1	2	8	1	10	31	41
③	カイト×、縄文遺跡○	0	17	7	5	3	0	16	48	0
④	カイト×、縄文○、弥生○	10	5	36	27	1	0	10	89	0
縄文遺跡の数（②を除く）計		**32**	**42**	**49**	**44**	**7**	**4**	**40**	**218**	**203**

①カイト、縄文遺跡共にある地区は、縄文晩期より奈良時代まで引き続き集落が維持・継続されていたと考えられる縄文遺跡箇所数。
②カイトがあって縄文遺跡が無い地区は、縄文遺跡が未発見か、縄文集落以外の非農耕民の集落、または弥生以降に転入して新たに集落を形成した狩猟採集民の集落箇所数。
③カイトが無くて縄文遺跡がある地区は、カイト実施以前に集落が無くなったか、もともと集落が無い狩場等。または明治の地租改正の折等にカイトが消滅した箇所数。
④縄文遺跡の上に弥生・古墳遺跡が重なってある場合は、カイトは無い。隣接する縄文遺跡にもカイトはほとんど無い。縄文人が追い払われたか、同化融合したかどちらかであろう。

＊一つの縄文遺跡に複数のカイトがあるところも存在する。　筆者作成

三、縄文遺跡周辺の小字地名

カイト地名が縄文遺跡周辺に存在することは、両者の分布等で説明しましたが、その調査過程で縄文遺跡周辺にはその他にも関係すると思われる小字地名がいくつかあることが判明しました。少し脇道へそれますが、これらの小字地名が縄文時代、すなわち縄文語と関係があるのか、調査してみたいと思います。

（一）語頭・語尾に「サ」の付く小字地名

郡上市には川佐・坪佐等、語尾に「佐」が付く地名が九ヶ所ほどあります。それらを拾い出して、地形等の共通点を探り、地名の由来を考察してみたいと思います。

表－3「郡上市の「××佐」地名一覧表」の九ヶ所の地名について比較・分析してみると、九ヶ所共ほとんど同じような地形であり、同じ由来で付けられた地名である可能性があります。

さ（佐）とはいったいどんな意味が考えられるのでしょうか。

いろいろ調べた結果、『大辞林』第三版、および『日本国語大辞典』第二版には、

表-3 郡上市の「××佐」地名一覧表

「×佐」地名	住所	地形等の立地					カイト地名の有無	記事
		地形	川崖の有無	山と川に接している	縄文遺跡の有無	遺跡名		
川佐・鶴佐	八幡町川佐	河岸段丘	有	山と川	有	旭・川佐遺跡（縄文）	有	
黒佐・ロッサ	八幡町那比	河岸段丘	有	山と川	有	森・黒佐遺跡（縄文）	有	
川佐・長尾佐	八幡町相生	河岸段丘	有	山と川	有	高橋遺跡（縄文）	無	未確認
名津佐	八幡町吉野	河岸段丘	有	山と川	有	東乙原・名津佐遺跡（縄文）	有	
坪佐	八幡町有坂	河岸段丘	有	山と川	有	有坂・坪佐遺跡（縄文）	無	
越佐	白鳥町越佐	河岸段丘	有	山と川	有	安久良遺跡（縄文）	有	
道佐	白鳥町大島	河岸段丘	有	川	有	杏遺跡（縄文）	有	
恵武佐	八幡町美山	扇状地？	有	山と川	有	美山遺跡（縄文）	有	
畑佐	明宝畑佐	河岸段丘	有	山と川	有	店町遺跡（縄文）	有	

筆者作成

「さ＝〔矢・箭〕」という解説があり、古代の矢のことであり、『万葉集』でも用例があることがわかりました。昔、矢のことを「さ」と呼んだことがあったのです。

その『万葉集』では、「……投左乃……」との表記がしてあり、訳は「投げる矢の」、または「投箭の」となっており、「投ぐ矢」といって手で投げ放つ矢の使い方があったようです。「投げ槍」とも解釈できるかもしれません。「矢」については記紀等にも多く用例があり、稲作・鉄等と共に大陸から武器として伝来されたものと考えられます。矢や槍が「さ」と呼ばれた時代は狩りの道具として専用され、人間同士の殺し合いが無かったとされる縄文時代の呼び方であろうと思われます。

矢といえば、郡上市にある末尾に「佐」の付く地名九ヶ所にはすべて縄文遺跡があり、付近一帯で多くの石鏃（矢尻石）が発見されています。縄文時代に矢のシャフトの先端に付けられた鋭い石器です。要するにその一帯で狩りが行われた証拠と考えられます。

山からエサを求めて下りてきたシカやイノシシを、縄文の人たちは大勢で川岸の崖っぷちまで追い詰めて、弓矢や槍で仕留めたのです。そうした弓矢や槍等の道具、獲物を追い詰めやすい谷川・崖地にも「さ」が付けられたのでしょう。

すなわち、「矢・さ」＝刺すであり、狩る・狩場という意味付けがなされたと考えられます。

『古事記』に「坂」のことを「佐」と表記した歌謡の一節があります。当時の「坂」とは簡単には上れない急斜面のことであり、「崖」とほぼ同義であると思われます。まだそんなに語彙の無かった古代のことですが、「さ・佐＝矢＝崖」とは「獲物を刺しやすい場所・狩りがしやすい場所」を表すのではないでしょうか。

さらに『万葉集』二六七番、志貴皇子の御歌に

「むささびは　木末求むとあしひきの　山のさつ男にあひにけるかも」

があり、猟師のことも「さつ男・さち男」と呼び、持っていた弓矢を「さつ弓・さち弓」「さつ矢・さち矢」と言ったようです。海の漁師では釣り針（鉤・ち）や竿のことを「さつ・さち（幸）」と言ったことも『古事記』の山幸彦・海幸彦に記されています。「幸彦」も猟師（漁師）のことでしょう。

このように狩猟・漁労に関わる道具・場所・人にも「さ」が付けられたことは、縄文の人たちにとって「さ」という言葉は最も重要な語彙であったに違いありません。

猟場の「崖・さ」は、漢字が一般に普及した五～六世紀以前には、すでに言葉と

してあった地名であり、その頃の郡上は長良川水系の氾濫原や安定した広い河岸段丘を除き、山間部はまだ「続縄文時代」であり、狩猟採集が主体であった証拠であると考えられます。崖を表す「さ」はアイヌ語で滝をいう「そー」の転訛であるという説と、朝鮮語「ｓａｌ・矢」と同源であるという説があります。

その「さ」に対して後に「左」「佐」という漢字が当て字されたのですが、その漢字の意味は「助ける」「補佐する」ということであり、律令官制では「佐＝サ・スケ（佑もスケと読む）」、近年の軍の階級では大佐・中佐・少佐等があり、いずれも上位の人を補佐する役です。また、「すけ」の変化が「すく」（救）であり、「助ける」という言葉は「手（た）＋救う」、すなわち「手で引き上げて救助する」という意味ではないでしょうか。

（二）「佐倉・桜」地名

「佐倉・桜」地名も同じような意味で、その多くは崖地であります。「くら」という言葉がいつ頃できたのかは不明ですが、「倉・蔵」という漢字が訓読みで当てられたということは、大切なものを保管する土蔵のような倉庫を意味するのでしょうか。崖に横穴をくり抜いて保管庫にしたのか、大切なもの（鉱石）を掘り出したのかもしれませんが、「くら」は「刳《く》る」「刳り抜く」の変化だという説もあります。

険しい地形の多い郡上に崖地はいっぱいありますが、「さ」のつく崖はそんなに多くはなく特別なのです。「桜・佐倉」地名等は「さ・くら」であり、「さ」は矢を表し「くら」は崖のことですから「獲物を追い詰めて獲る狩りがしやすい崖」という意味であり、一般的な崖と区別されていたのではないでしょうか。

表1—4に示すように、郡上市には桜田・桜戸・佐倉・桜谷・桜森等一二ヶ所ほどのサクラ地名がありますが、そのほとんどに河岸段丘等の崖と縄文遺跡があります。また関東の常総台地のヤツ地名を調べていて気が付いたことですが、千葉県、茨城県には桜・佐倉・作等の地名がたいへん多く見られます。台地を取り巻く多くの小崖と縄文遺跡が際立って多いこととは関連があるのではないでしょうか。

日本には古くより「櫓《やぐら》」という建築物が伝えられています。お城の櫓が特に有名であり、郡上八幡城にも美しい「隅櫓」が現存しています。火の見櫓や吉野ヶ里遺跡の物見櫓も有名ですが、「櫓」は「矢倉・矢蔵・矢座」等とも表記され、弓矢等の

表-4 郡上市の「佐倉・桜」地名と崖地

町村名	大字名	小字名	500m以内に縄文遺跡	段丘崖等の有無	記事
郡上市八幡町	桜町	―	無	有	（1km東に小野遺跡）
郡上市八幡町	相生	桜田・桜畑	有（白山会津遺跡）	有	（亀尾島・荒倉）
郡上市八幡町	那比森	桜戸	有（黒佐・森遺跡）	有	
郡上市八幡町	小野	桜田	有（小野遺跡）	有	
郡上市八幡町	初音	桜坪	有（初音遺跡）	無	
郡上市白鳥町	中津屋	桜野	無	有	
郡上市白鳥町	向小駄良	桜下	無	有	
郡上市白鳥町	二日町	佐倉	有（寺谷下・一仏遺跡）	有	
郡上市大和町	万場	桜本	有（藤国遺跡）	有	
郡上市大和町	島	桜開地・桜畑	無	有	（場皿）
郡上市美並町	山田	桜森	有（桜森遺跡）	有	
郡上市明宝	寒水	桜谷	有（寒水宮ノ上遺跡）	有	

筆者作成

保管庫および、狭間という小窓を持つ弓や鉄砲の発射基地の機能を持つ建物なのです。「矢」が往古に「さ」と呼ばれていたとすると「矢倉」は「さ・くら」であり、「佐倉・桜」地名は「矢」、および「櫓」と密接な関係があると考えられます。

櫓は高い石垣の上にさらに窓の少ない壁が直立しており、人間はもちろん動物でさえ上ることは極めてむつかしい。まさに急峻で高い崖です。高いから見晴らしも良く全国にはかなりの櫓（やぐら）と名の付く山や峠も存在しています。

先日、山本周五郎の短編時代小説で「やぐら峠」という場所が舞台となる物語を読みました。その中の一節に「……ここは出羽の国最上の郡から、牡鹿の郡へ抜ける裏山道のうち、もっとも嶮しいと言われるやぐら峠である。酢川岳の山々が北に走っていくつかに分かれ、その渓谷が深く切り込んだところに雄物川の上流が白い飛沫を上げている。峠道はその渓流に沿って、断崖の上を曲り曲り南北に走っているのだ」とあります。

この描写からわかる「やぐら」は高く目のくらむような断崖絶壁なのです。その昔、縄文時代の人たちが動物を崖に追い詰めて矢を放つ場所、すなわち狩場の崖のことを「さくら」と言った名残りが「やぐら」であろうと考えられます。矢のことを「さ」から「や」と呼ぶようになった以後のことです。

また、岐阜大学でも教えられていた日本語史学者の工藤力男氏は著作の『和名類聚抄地名新考』の巻末で『古代地名語源辞典』（楠原祐介ほか著　東京堂書店）に崖地を表す地名が多いことを評して「……古代の日本人は、何ゆえにそのような崖地ばかり選んで集落を営んだのか、説明が必要であろう」と書かれています。千葉県、茨城県の縄文遺跡の多くは台地上の縁にありますし、岐阜県のそれも山を背にし、前に崖のある河岸段丘等の小平地に位置するものが多くあります。弓矢と槍、こん棒くらいしか狩猟用具の無かった古代において、シカやイノシシを追い詰めることのできる崖際に多く居住したことは十分考えることができるのではないでしょうか。

郡上市和良町に「鹿倉」という大字地名がありますが、谷川先生は「狩倉」が転訛したと書かれています。アイヌにはシカを崖から追い落とす狩猟法があり、そうした地形の場所にアイヌ語地名として残されているようです。和良町鹿倉の柱状節理の崖が「鹿倉」地名の由来であり、「迫・さこ」「沢・さわ」「柵・さく」等も狩猟に関係する地形名であるかもしれません。

語彙論等のむつかしいことはわかりませんが、縄文時代に付けられた地名もかなり今に継承されていることを前提にするならば、生活の主体であった狩猟採集に関連した語彙は当時の基本語彙であり、当然地名にも多く反映されていると考えられます。したがって、意味のわからない地名の由来を紐解くには日本語の語源を知ることが重要であると思われます。

そういう意味では**さ（矢・箭）**という言葉は、当時最も重要で基本的な語彙であり、多くのほかの語彙にも反映されていると考えられます。**表－5「さ（矢・崖）の語彙考察」**に、候補をいくつか拾い上げてみました。

近年の歴史書等では縄文の人たちは厳しく不安定な生活をしており、稲作農耕が伝わると自ら進んで、一万年以上続いた狩猟採集を捨てて稲作に転換した、と書かれていますが果たしてそうなのでしょうか。私見ではありますが、律令制の施行に際して朝廷から「まつろわぬ民」として扱われた縄文の人たちにとっては、狩猟採集の生活は自然の営みと共に生きる豊かな生活であったと思われます。

いずれにしても、さ（矢・箭）は縄文人が狩猟採集から稲作等の農業に転換した

表-5 さ(矢・崖)の語彙考察

語根	語彙名	語源考察
さ(矢)	竿(さお)	細長、先端の尖った矢のような形状。釣りの道具。
	鞘(さや)	槍、刀等の鋭い刃先を保護するケース。
	笹(ささ)	細長く尖った葉や竹の形状？
	榊(さかき)	神と人との境という説から境木といわれるが、葉っぱの先端や枝の先端が鋭く尖っているからでは？
	サイカチ・サンショウ	鋭い棘のある木。
	鯖(さば)・鰆(さわら) 鮫(さめ)・秋刀魚(さんま) 細魚(さより)・鮭(さけ)	尖った口、細長い形状が矢等に似る？ いずれも「さ」の語根は「矢」と思われる。
	鷺(さぎ)	鋭く長いくちばし。
	さそり(ジガバチ)	細長い体、毒針で刺す？
	犀(サイ)	顔面の鋭い角？
	刺す(さす)・射す(さす)	物を突き刺す。射る。またはその道具・陽が射す。
	さまよう・さすらう	目標からそれて流れる矢のような状況。
	先(さき)・尖	石鏃(矢尻石)のように鋭い先端。放たれた矢の行方。
	刺又(さすまた)	捕り物に使った道具。
	さつ男	古代、獲物を獲る道具を持った男。猟師。
	幸・佐知(さち)	古代、獲物を獲る道具。獲物。山幸彦・海幸彦の話が有名。山幸彦の弓矢、海幸彦の釣り針を一時交換するが……
さ(崖)	佐(さ・崖) 坂(さ・さか)・嵯峨(さが) 障り(さわり) 境(さかい)	坂とは「黄泉つ平坂」の例のように、この世とあの世を隔てる越えにくい急坂(崖・平も急傾斜地)であり、さ(崖)がさらに転じて障り(障壁)や境になったのでは？
	割く・咲く	二つに割く、裂く。蕾が割けて花が開く。
	迫・沢・作・柵	狩りのしやすい谷・木で作った垂直の壁、倉。

＊語源は私説も混じっています。　　筆者作成

奈良時代頃から使われなくなり、忘れ去られていったのでしょう。「さ」という語根の意味がわからなくなり、表I-5に挙げた語彙の語源を辞書（『日本国語大辞典　第二版』）で調べてみると諸説が併記されている場合（三～一〇説）が多くあり、ほとんど確定されていません。

地名（特に小字地名）にはこうした失われた言葉が継承されている例がかなりあるのではないでしょうか。これらの語源の解明はたいへん難儀である反面、面白い課題でもあると思われます。

四、カイト地名と小字面積の関係

カイト地名の分布を見ていて、縄文遺跡は多くあるのにカイトが著しく少ないか皆無の地区がかなりあります。数年間原因が皆目見当がつきませんでしたが、ようやくわかり始めてきました。およそ一三〇〇年前に付いた地名であると仮定すれば消滅しても当然ですが、その要因だけは押さえておきたいと思います。

岐阜県のカイトの分布を調べていて、中津川市と恵那市が縄文遺跡は多いにもかかわらず、カイト地名が極端に少ないことがわかり、小字の総数も少ないことがわかりました。ざっと計算してみると、中津川市と恵那市の一小字当たりの平均面積は郡上市のそれと比較して三〜五倍になることが判明しました。カイト区画の面積は全国ほぼ同じくらいであり、その数倍ともなればカイトは小字地名に採用されなかった可能性は大であると考えられます。

ましてやカイトは意味不明になっている地名です。明治初期の地租改正の折に小字面積が広げられ、多くのカイトが切り捨てられたと考えられます。

東北の岩手県、秋田県、青森県も小字総数が極端に少なく、したがって平均小字面積は他県の数倍以上になります。この三県にカイトが無いのは一二世紀まで国の支配下でなかったことが要因で、初めから皆無であり、平均小字面積が広いこととは無関係です。山形県の平均小字面積は普通値ですがカイト地名は皆無ですし、福島県、宮城県についても平均小字面積が普通値でありながらカイトが極端に少ないことは、奈良時代においてもこの両県に対する国の支配が部分的であったことを物語るものではないでしょうか。

この結果を得て郡上市の例を確認してみることとしました。美並町の粥川地区には縄文遺跡が七ヶ所あるのにカイト地名は一ヶ所もありません。小字字絵図を確認すると同じ美並地区と比較しても小字面積が数倍広いことが確認されました。カイトが無いか少ない白鳥町野添、前谷等数ヶ所においても広いことが確認できました。また、全般的に言えることですが、東垣内、上垣内等があれば中心となる垣内、中垣内等や対する西垣内、下垣内も存在しなければなりませんが、無い場合の方が多いようです。

それぞれの地区においてそれぞれの基準で付けられた小字地名ですから。そうしたことを考慮して研究しなければならない地名研究はまことにしんどいことです。

そのほか最も重要なことが判明しました。それは弥生・古墳時代の遺跡がある場所にはカイト地名が全く無いか極端に少ないということです。そうした場所は現在都市部や広い農村地帯になっています。

表ー6は岐阜市、旧関市、美濃市、旧武儀郡、郡上市の縄文遺跡、弥生遺跡、カイト地名等の数を表した調書です。縄文遺跡は岐阜市から北上するにしたがって多くなり、弥生遺跡は少なくなっています。カイト地名は縄文遺跡の数に比例して多くなっていることもわかります。

表−6 平均小字面積・カイト・遺跡数等調書

	総面積（k㎡）	森林面積（k㎡）	可住面積（k㎡）	小字数（ヶ所）	平均小字面積（ha）		カイト地名数	縄文遺跡	弥生遺跡
					森林含む	可住地区のみ			
恵那市	＊504.2	387.0	115.4	1642	30.7	7.0	24	220	38(37)
中津川市	＊676.5	527.3	156.2	1237	54.7	12.6	35	291	21(15)
高山市	＊2178.0	2005.0	168.0	8406	25.9	2.0	219	557	109(86)
飛騨市	＊792.5	726.9	51.0	4435	17.9	1.1	119	135	10(7)
下呂市	＊851.2	765.0	86.8	3185	26.7	2.7	119	165	27(17)
岐阜市	＊203.6	60.6	143.8	2600	7.8	5.5	9	28	74(16)
旧関市	102.0	40.8	61.2	1386	7.4	4.4	6	32	29(16)
美濃市	117.0	92.3	24.7	994	11.8	2.5	12	39	15(14)
旧武儀郡	370.3	332.3	38.0	2110	17.5	1.8	32	34	3(3)
郡上市	＊1031.0	924.6	106.5	4435	23.2	2.4	201	227	15(13)
美並町粥川	18.0	17.0	1.0	17	105.9	5.9	0	7	0(0)

＊弥生時代欄のカッコ内数値は縄文遺跡の上に弥生遺跡がある数の再掲です。
＊美並町粥川も郡上市の再掲です。
＊旧関市、旧武儀郡の総面積・森林面積・可住面積は概数です。数パーセントの誤差あり。
＊可住地面積＝総面積−（森林面積＋草生地面積＋主栗湖沼面積）

筆者作成

表の弥生遺跡の項目の（ ）内は縄文遺跡の上層に弥生遺跡が重なって発見された箇所数です。岐阜市、旧関市では縄文遺跡の半数以上にその痕跡が見て取れます。美濃市、郡上市でもはるかに少ないですが少しは見受けられ、この事実から推定できることを挙げてみると、

（一）新たに入植してきた弥生人に集落を追い払われた。

（二）弥生人を受け入れ、一緒に生活した。

（三）縄文人が主体的に稲作をはじめ文化を受け入れた。

等が考えられますが、結論は今少し先送りしたいと思います。ただこうした例は河川沿いの洪積平野（河岸段丘？）とも言える比較的広く稲作にも適した場所にあった縄文集落のみであり、山間部の縄文集落では全く起きていません。

さらに、こうした河岸段丘では多くの縄文集落が放棄された可能性も窺えます。郡上市の美並町、八幡町西乙原、小野、五町、大和町の島、徳永、弥冨、白鳥町の中津屋・大島・二日町等長良川流域の河岸段丘等において、弥生・古墳文化の進入に伴って、縄文文化の息吹が感じられなくなったのです。

一方、山間部に住む縄文人の集落は山間の小平地に立地するため、稲作に適さなかったことや、アクセス道路が険しかったこと等から、弥生人等の進入は無かった

と考えられます。そのためにそれなりに豊かであった狩猟採集文化は、弥生・古墳時代になっても山奥でひっそりと継続されていたと私は思います。

山内清男氏による命名である「続縄文時代」とは北東北・北海道地方において気候の関係で稲作ができず平安時代頃まで狩猟採集を主とした縄文文化が継続したという説であります。本州においても中部・関東地方の山間部では標高も高く、日照時間も短いため、続縄文時代と同じように、主として狩猟採集の生活が継続されていたと考えます。

五、カイトの分布と縄文人の自由観

カイトは縄文時代の命名地名ではなくて、縄文文化を守り、以降一〇〇〇年以上生き永らえた縄文集落に対して施行された大和朝廷の施策によって生まれたと私は思っています。そうした縄文遺跡の周辺にカイト地名が存在するのであろう、と少なくとも岐阜県のカイト地名を調査するまではそう考えていました。したがって、先に挙げた郡上市各地のカイト地名の無い縄文遺跡群が気になっていたのです。

おそらく多くの人たちは、「それは簡単なこと。効率のよい稲作に転換し、弥生人と融合したのであろう」と答えると思います。そうであれば確かにカイト地名が無くてもおかしくない。どんな形であれ、土地を所有することができた弥生人にカイトは必要なかったであろうと考えられます。

しかし、東北の蝦夷と呼ばれた人たち、九州の熊襲や隼人と言われた人たち、大和や常陸の国の「やつかはぎ」「つちぐも」「夜刀の神」と呼ばれた人たちはなぜ、まつろわぬ人になったのでしょうか。

私は縄文人の自由に対する願いであると思っています。

「縄文人に自由という概念」が本当にあったであろうか。半ば否定的に自分に問いかけたことに恥じ入ることになったのです。

記紀等の国選の歴史書は大和朝廷の権力者側、いわゆる勝者の記録であり、まつろわぬ人々を、文明の遅れた野蛮人として記述しています。私たちは幼い頃から鬼退治は鬼が悪くて野蛮だから退治されて当然だ、退治した人は英雄だ、と思ってきました。しかし歴史に興味を持ち始めてから、すべてがそうではないことに、いや、ほとんどについて疑う余地があることに、気が付いたのです。

世界に名だたる縄文土器を作った人々であり、一万年余り山野を自由に駆けめぐり、人と人が殺し合う武器も持たず、国や豪族の搾取や使役も受けない純粋に自由な生活をしてきた人たちなのです。垣間見る弥生人たちの生活をどのように感じていたのでしょうか。

弥生人たちは（同化した縄文人も含む）主として稲作を生業としてほぼ全国に広がっていきました。米は多産で効率もよく、保存、運搬もしやすいため特定の公人や個人の支配を受けやすい作物であり、そうした権力者により、急速に土地が開発され、人々が囲い込まれて、開墾、耕作に使役されるようになったのです。

また、昔の戦争はほとんど農業に起因すると言われています。土地と労役を求めて戦争が始められたようです。もちろん兵士も農民の使役であったと考えられます。縄文人たちはこのような弥生集落を見ていて、できる限り離れて住み、自由な暮らしを守ったと考えられる節があります。ほとんどの縄文人たちは鉄の武器を持つ弥生人に歯向かう術も無く、『常陸国風土記』（『風土記』秋本吉郎 校注、日本古典文學大系2、岩波書店）の夜刀の神のように、ただ逃げるより仕様がなかったのでしょう。その一節を引用しますと、

……継体天皇のみ世に一人の人物がいた。箭筈の氏麻多智という。郡役所か

ら西の谷の葦原を切り開いて新たに開墾した田を献上した。この時夜刀の神が相群れ引き連れてやってきて、あれこれと妨害をし、田の耕作をさせなかった（土地の言葉で、蛇のことを夜刀の神と言っている）。その形は蛇の体で頭に角がある。……中略……麻多智は激しく怒りの感情を起こし、甲鎧を身に着け自分自身が矛を手に持って打ち殺し、追い払った。……中略……その後孝徳天皇のみ世になって壬生の連麿が、初めてその谷を占有して、池の堤を築かせた時に、夜刀の神が池の辺の椎の木に昇り集まって、いつまでたっても立ち去らなかった。そこで麿が大声をあげて叫んだことには、「この池を営ませ、いっぽう汝らに約束をさせて人々を死から救おうとしているのだ。どこの何という神が皇化に従わないのか」と言った。ただちに、課役に来ている民に命じて言ったことには、「目に見えるさまざまな物、魚や虫の類は遠慮することなくことごとく打ち殺せ」と言った。言い終わるやいなやあやしい蛇はその場を去り隠れてしまった。……後略。

という概略であり、「夜刀の神＝蛇」とはその池を使う先住民＝縄文人を指すのでしょう。

第四章

カイト地名の起源と部民制

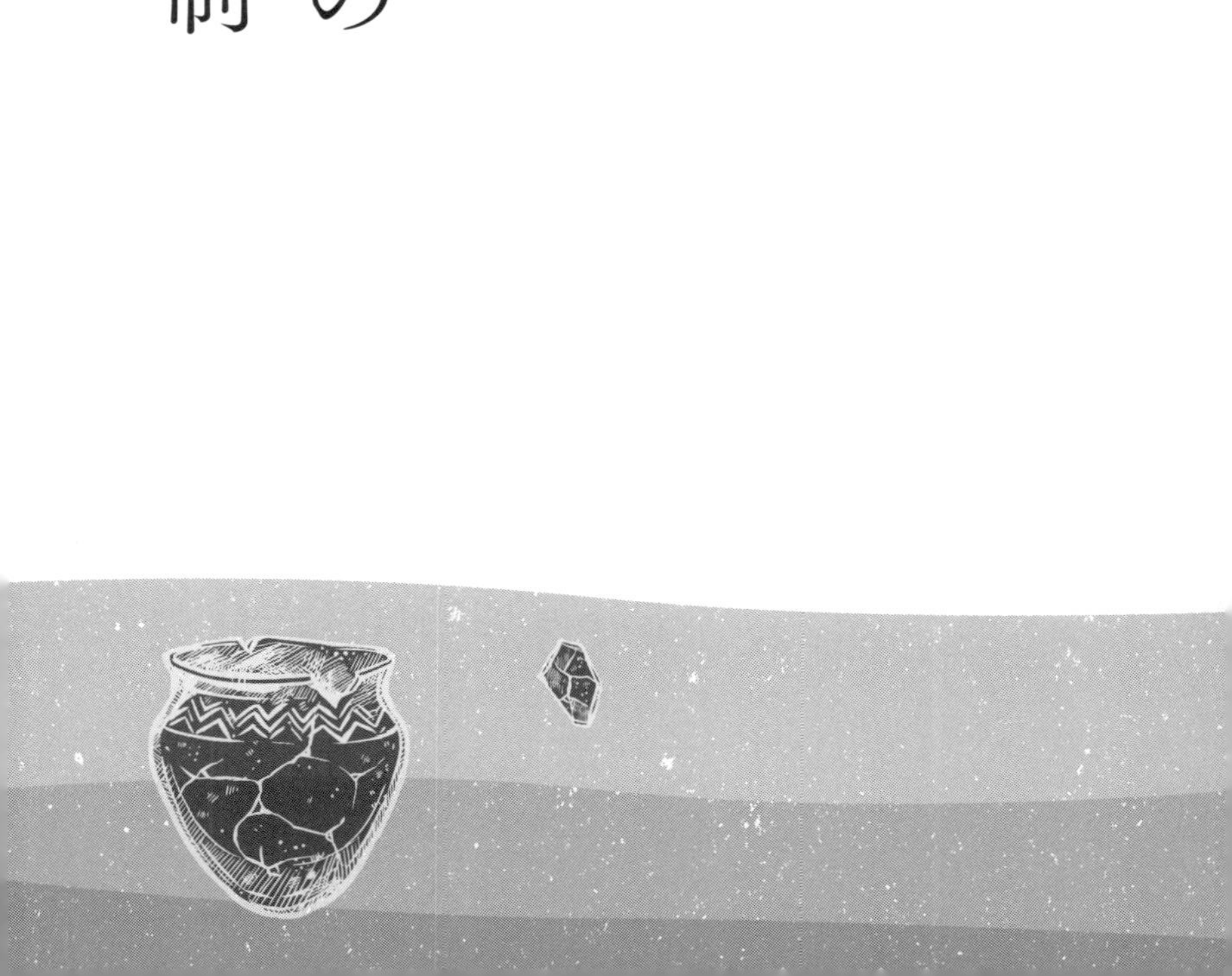

カイト地名の起源については、今の段階で一番確信を持てる案は「部民制（べみんせい）」との関係です。紀元一世紀から二世紀頃に弥生文化を携えた人たちが郡上に流入して、縄文系集落があまり無く、稲作に適した長良川の洪積平野部を切り開いて、水田を作り住みつきました。当該地区には縄文人集落も一部ありましたが消滅したようです（縄文遺跡の上に弥生遺跡がある）。その消息は現在のところ不明です。征伐されたか、追い払われた（山間部へ移動）か、同化・吸収されたかのいずれかであろうと考えられます。その後各地で地方豪族が勢力を伸ばし、古墳時代を迎えます。

大化の改新以降、郡上も武儀郡衙により徐々にその傘下に組み入れられ、豪族や国造等による民衆の支配が郡上の隅々まで行きわたります。いわゆる「部民制《べみんせい》」の始まりです。稲作・鉄器等の新しい文化を携えた渡来系の人々は、その優越性のもとに一部の縄文人等を支配・吸収していったとも考えられます。これらの部民制は天武天皇下四年に解体され、ほぼすべての部民は天皇の公民となりました。

この章では、カイト地名と部民制の関連と、縄文人たちの消息についての推論を述べていきたいと思います。

一、部民制とは

中大兄皇子と中臣鎌足等による、大化の改新の最も重要な施策は「部民制の廃止と公地公民制の導入」です。部民制とは大和朝廷による統治制度であり、朝廷や皇族、豪族に隷属して奉仕・貢納する人々を部（べ）として編成したもの。特定の職能をもって朝廷に仕えた品部（しなべ・ともべ）、皇室や皇族の屯倉《みやけ》の私有民だった名代（なしろ）・子代（こしろ）、豪族の私有民だった民部・部曲（かきべ）に大別されるが、律令制の導入に伴い徐々に廃止されました。

廃止の主な理由は、天皇家の安全を脅かした蘇我氏のような豪族の力を削ぐことであり、廃止した部民を公民化して税収を増やし、国全体の生産力を増加させるという一石三鳥の中央集権政策の一環であったのではないかと言われています。

品部・名代・子代

大化の改新とほぼ同時に廃止された品部《しなべ》・名代《なしろ》・子代《こしろ》は比較的畿内に近く、朝廷とも近い関係の豪族の私有民であり、渡来系の弥生人の系統というイメージがあります。『日本書紀』を精査してみると、大化の改新直後に廃止された部民である品部についての記述ではほかの部民一般と同義ではないように受け取れます。

すなわち、これらの部民は朝廷に所属するものであり、海部《あまべ》・忌部《いみべ》・馬飼部《うまかいべ》・鍛《か》治部《じべ》・物部《もののべ》・刑部《おさかべ》・白髪部《しらかべ》等伴造に統率され朝廷に物資や労役を献上するさまざまな職務に携わった部民であり、改新後も再編されて継続した職業集団です。

名代と呼ばれる部民も五～六世紀の頃、天皇や皇太子、王妃等皇族の私有民として全国（九州～関東）に組織され、約一三〇あったとされる「国造」という地方官が総元締めで管理し、交代で朝廷の業務をしていたと考えられます。いわば人質のように中央に拘束された制度は大和朝廷の全国支配の根幹をなすものであると言われています。子代・名代については各地の屯倉《みやけ》に関係があり、そこで働く田部《たべ》のことであるという説もあるが詳しくはわかっていません。

これら品部や名代・子代等はいずれも朝廷に直接関係する部民であり、民部《かきべ》や家《やか》部《べ》のような一段低い身分ではなかったようです。朝廷の職務に従事するのであるから、いわゆる家柄等の出自もしっかりした者でなければならないのは当然であり、恐らく渡来系の弥生人の系統であったろうと考えられます。

私見ではありますが、部民といっても二～三階級に分かれており、それぞれの出自（氏・うじ）で分けられていたのではないでしょうか。

その根拠の一つとして、『日本書紀』による大化二年の改新の詔では「其の一に曰く、昔在（むかしの）天皇たちのお立てになった子代の民や所々の屯倉、またほかに臣《おみ》・連《むらじ》・伴造《とものみやつこ》・国造《くにのみやつこ》・村首《すぐり》の所有している部曲《かきべ》の民や所々の田荘を廃止せよ。よって大夫以上には、各々に応じた食封《へふと》が下される。下って官人・人民には、相応の布《き》帛《ぬ》が下される」とあるし、その年八月の詔では「……ここに現天皇から臣・連まで所有する品部はすべて廃止して、国家の民とせよ……中略……収公した田は民に均等に与えよ。分け隔てしてはならない。およそ田を与える時は、民の家が田に接近していれば、その近い方を優先せよ」と記されています。

いずれも部曲廃止の見返り施策であるが、極めて手厚い手当であると言えます。しかし、天武四年のほぼ全国に及ぶ最後の部民、民部《かきべ》廃止では何の手当についても書かれていません。この差はいったい何なのでしょうか。

民部・家部

天智天皇三年（六六四年）、「甲子《かっし》の宣」により、冠位一九階制を二六階制に改め、下級官位を大氏、小氏、伴造に区分してその氏上に民部・家部を統率する象徴として武器を与える。いわゆる廃止された民部の復活であるとも言われています。

改新の詔によりすべての部曲は廃止され収公されましたが、多くの豪族たちは大きな利権を失い不満がくすぶり、完全な実施はできていなかったものと思われます。また白村江の戦いに敗れて益々不満の募る豪族たちの機嫌を取る意味でも民部の再指定は必要不可欠であったとも言われています。

しかし、私は二度目の民部の指定は大化の改新の後退ではなく、天武天皇にとっては公地公民制を完成させるための回り道であったと考えています。これら豪族たちの力を借りて、今まで手の付いていなかった山間部の縄文集落や、国にまつろわなかった非農耕民を把握管理して、六七〇年に「庚午年籍」という日本初の戸籍を編む目的がすでにあったのであろうと思います。そしてこれら民部を使役することにより、豪族たちは耕地を拡充し、耕作にも従事させたのであろうと推測します。

そうして壬申の乱もしのぎ、機の熟した六七五年に民部を廃止して国の公民として公地公民制に取り込んだのですが、口分田の配布は近畿地方でも六九二年が初めてであり、なかなかスムーズには進まなかったようです。

二、「民部（かきべ）」とカイト地名

先にも述べたように『日本書紀』では豪族の私有民のことを民部《かきべ》と言いました。また別の記述では部曲《かきべ》とも表記されています。いずれも同じ意味とされていますが、なぜ使い分けされているのかは不明です。

第一、「民（たみ・ミン）」という字を「かき」と読む例はあるのでしょうか。『日本書紀』では民部《かきべ》、民地《かきどころ》が見受けられますが、それ以外は「たみ・ミン」と読む例のみであり、部民制の場合に限って「かき」と読まれたようです。

民部《みんぶ》は古代中国（後周代）の官名であり、部曲《ぶきょく》は漢代から唐代にかけて豪族に隷属する集団として存在したし、朝鮮半島においても新羅から高麗末までの時代には「部曲」という郷に比して賤民《せんみん》的な農民の居住区があったとされています。これら大陸の制度が渡来人等により持ち込まれ、日本において採用されたものと考えられます。

これら「民部」「部曲」という漢字が「かきべ」「かきのたみ」と読まれたことは「かき」は垣であり、区画されるという意味で用いられたと考えられます（『世界大百科事典』）。

場所を区画されて居住され、何らかの納税（貢ぎ）・力役で隷属されていたと考えられ、このことから民＝垣で区画され、囲われているという概念から「民部・みんぶ」という字を（かきべ・かきのたみ）と読んだのではあるまいか、と私は考えます。「かき」は「垣」「垣内・かきつ」と同じであるという説もあり、「垣内・カイト」地名につながります。このことは「民部（かきべ）」の場合ですが、「部曲（かきべ）」についてはそうした「民部（かきべ）」が区画されて居住している部落・集落のことを指すという説もあり、私見と同じです。部曲の「曲」は曲輪《くるわ》の曲であり、廓《くるわ》・郭《くるわ》とも関係し、いずれも区画され、囲われた場所を意味する文字であり（朝鮮半島からの渡来人の影響？）、「部」の字も同じような意味です。

　少し曲解かもしれないが、「民」という字の象形には「一眼を針で刺されて視野を制限された」という意味もあるらしく、「一眼を欠き、限られた視野」、すなわち民とはそのように視野の狭い、卑しい賤民である、ということから「欠き・かき」と読んだ可能性があります。

　何かの本で「踏鞴《たたら》に従事する人々が居住する地区には「柿」の付く地名が多い」という記事を読んだことがありますし、菊池山哉・柴田弘武の別所地名についての詳細を調べていて、別所地名の集落付近に「垣内・カイト」地名が異常に多いことに気が付いたこともあります。もしかして、「別所」に対する「本所」はカイトでなかろうかと、考えたこともあり、これらについても今後の研究課題です。

ところで、「民部（かきべ）」と称される部民はいったいどれくらいいたのでしょうか。律令制以前を含めて、すべての民が部民であったという前提に立てば「品部」「名代・子代」を除いた残りの部民は民部・家部です。家部は大化の改新と同時に成立した「五色の賤」の一つである豪族や貴族の家人《けにん》に該当するものと考えられ、賤民であったようです。したがって天武天皇四年に廃止されたのは民部のみであろうと言えます。

甲子の宣を見る限りでは、民部はほぼ全国の派遣国造、郷長等すべての各種豪族に隷属する私有民であり、圧倒的に多数であったと言えるでしょう。非農耕民である山間部の縄文系の人々や、国栖《くず》・八束脛《やつかはぎ》・土蜘蛛《つちぐも》等と呼ばれて逃げ落ちた人々もすべてここに含まれているはずです。

仮に『日本書紀』でいう民部「民地（かきどころ）」が現在の「カイト」地名の語源であるとしたら、その時期は部民制が普及した五五〇年（古墳時代後期）～七五〇年（奈良時代前期）であり、中心は大化の改新・律令制の成立時期であると考えられます。第五章の一で述べるようにカイト地名が藤原京跡地に多数あって、平城京跡地にほとんど無いことから藤原京が廃都となった七一〇年以降七五〇年くらいの間に設定されたことを導き出しました。

郡上の部民はどれくらいあったのでしょうか。

八幡・大和・白鳥には古墳もあり、それなりの豪族も存在したであろうし、武儀郡衙の出先もあったと考えられます。弥生時代に先祖が郡上に入り、稲作農耕を生業としていた人々は何らかの「氏」を持ち、部民が廃止されると同時に「編戸（へんこ）」されて公民となり、私有田に田の調が課せられたと考えられます。

郡上の原住民とも言える縄文系の「民部（かきべ）」は豪族にかり出されて農耕や開墾に従事させられたと思われますが、自分の耕地はほとんど持っておらず、狩猟採集・漁労が主たる生業でした。

したがって国にしてみれば、いつまで経っても征服できない蝦夷の国や、たびたび反乱を起こす隼人等辺境の縄文人は大きな脅威でした。六七五年に廃止された民部の多くは縄文人であり、これらの集落に陸田と種を与え、狩猟採集から農耕に転換させる政策は緊急を要することであったろうというのは想像にかたくありません。そのことにより生活を安定させ、土地に張り付ければ反乱も起こさないであろうし、税収も増えると考えたに違いないと考えられます。

しかし、ことはそんなに簡単ではなく、農耕への転換は遅々として進まなかったようです。一万三〇〇〇年の歴史を持つ狩猟採集の生活は、小林達夫先生の言葉を借りれば、四季折々の食物調達の「縄文カレンダー」がセットされており、農耕等受け入れる余地は無かっただろうし、搾取・隷属され、自由の無い生活に魅力は感じなかったと考えられます。

第五章

奈良県のカイト地名

地名研究者である池田末則氏は著作『日本地名伝承論』の中で、「奈良県の「垣内」地名は公称地名だけでも三五〇〇ヶ所以上有る」と書いておられます。「垣内」のみの分布図も作成されており、その実態がよく理解できます。

カイト地名を考える上で避けて通れないのが、奈良県のカイト地名の分布であり、数ヶ月をかけて奈良県のすべてのカイト地名を、洗い出してデータ化しました。元資料は大和地名研究所編の『大和地名大辞典』という苦心作であり、池田末則氏の言う三五〇〇ヶ所をはるかに超えるカイト地名が有ることが証明されました。

さらにうれしいことが判明しました。奈良盆地すべての小字の位置が正確にわかるデータベースが奈良女子大で作成され、ネット上に公開されていたのです。これは私にとってすごい資料であり、ほぼ完璧に地図上にカイト地名の場所を、ピンポイントでマークすることが可能になったのであります。

それらを用いて、最初にカイトの分布図を作成する資料として、分布表を作成したのですが、その中途で大きな不安が広がってきました。奈良県のカイトの分布は、郡上市や岐阜県の分布と大きく違うことがわかってきたのです。

並行して調査していた縄文遺跡の分布でも、大きなショックを受けることになりました。縄文遺跡の数が比較にならないほど少ないのです。私が数年がかりで組み立ててきた、「縄文遺跡とカイト地名には密接なつながりがある」という仮説はやはり間違いだったのか――そんな考えが頭をよぎり、作業が手につかない時期もありましたが、何とか気を取り直し分布図の作成を進めました。

一、藤原京、平城京跡地のカイト地名

橿原市・明日香村のカイト地名を調べていて郡上市や岐阜県の分布と大きく違うことに気付きました。それは奈良盆地の場合、洪積平野と思われる平野部にもカイト地名が異常に多いことです。さらにそこが藤原京の跡地であることに気付き、平城京跡地のカイト地名の分布と比較すれば、カイト地名の発祥時期が特定できるかもしれないことに気付いたのです。

かなりの時間をかけて詳細な分布図を作成した結果、奈良・藤原京と平城京跡地の「カイト」地名の分布では、七一〇年に廃都となった藤原京跡地には一五〇ヶ所余りの「カイト」地名が残されているのに対して、七八四年に廃都となった平城京では、周辺部には奈良盆地における平均値並のカイト地名が存在しますが、平城京跡地には数ヶ所のみでした。

藤原京の場合、常識的に考えれば、藤原京が着工された（六七〇年頃？）瞬間から旧地名は無くなり、新しい条坊制の都城地名に替わったと思われます。六九四年に飛鳥京から遷都、七一〇年に早くも平城京へ遷都されています。何があったのかは詳らかではありませんが、その後七五〇年前後には墾田永年私財法によると思われる墾田事業が条里制を導入して実施されており、藤原京跡地は条里制の水田の下になってしまったのです。

その時点で、一五〇ヶ所の「カイト」（小字）はほとんど条里区画から外されており、集落も含めてそのまま残されたようです。廃都された七一〇年から条里制による再開発が行われた七五〇年の間にカイトが設置されたという結論が導き出されます。平城京跡地にほとんど「カイト」地名が無いのは、廃都された七八四年以降には「カイト」政策はほぼ完了していたのであろう、というのが私の出したひとまずの結論です。

両京域内の縄文遺跡・弥生遺跡等も分布調査を実施しましたが、郡上市の状況とは少し違うようであり、違いについても種々検討をしました。奈良盆地は大和朝廷以前から都として栄えており、外国を含む各地からの流入人口があり、さらに東北からの俘囚《ふしゅう》等の非農耕民が多かったことも一因であろうと考えられます。

したがって、カイトは縄文人たちだけが該当するのではなく、農業以外の職業を生業とした一部の人たちにも該当する施策であったと考えられます。

また、あまり根拠の無い私説ではありますが、縄文後期頃に冷涼期が襲来した時、東北地方の縄文人が比較的暖地である西へ向かって大挙移動した可能性が考えられます。落葉広葉樹林帯の南限である奈良県にとどまり定住したとすれば、縄文遺跡が少なくてもカイトが多いことにつながると考えられます。

二、吉野地方のカイト地名

奈良盆地の南側、現在の五條市西吉野町（旧白銀村・賀名生村・宗檜村）には狭い範囲の山間部に五六〇余ヶ所の「垣内・カイト」地名が現存します。そのほとんどが標高三〇〇〜五〇〇メートルの山の中腹の比較的なだらかな場所に散村集落状にあり、古代、外敵から防衛するために設置された高地性集落を思わせるような場所なのです。

随所に水が得られるのでしょう。緩傾斜扇状地、河川氾濫《はんらん》原、沖積平野等の地形ではなく、散村を形成した理由は不明です。なおこの地域一帯は中央構造線の外帯、丹生川の流域であり水銀等の産出があったようです。

一例として奈良県五條市西吉野町阪巻地区の地形図を見ると、標高二五〇メートル～四七〇メートルの間に現在も二〇戸余りの家が見受けられます。いずれも隣家との距離は五〇～三〇〇メートル、標高も一〇～三〇メートル離れて山の「平・ひら」に散在しています。

郡上市には山の平の猫の額ほどの土地にポツン、ポツンと家がある形態はどこにもありません。いったいどのような理由でこうした散村集落ができたのか興味深いのですが、どう調べてみてもわかりませんでした。

阪巻集落を見ると、面積約三平方キロメートルに一六七の小字が存在します。このうち二四（一四％）がカイト地名であり、これは異常な多さであると思われます。阪巻地区の場合、垣内の前に付く体言（名詞）にその小字地名が付加されている場合が一〇ヶ所もあります。郡上市にはほとんど無いことであり、おそらくその小字に隣接して同名のカイトがあると考えられます。屋号であったり、職業名であったり、その居住区の名であろうと思われます。

西吉野町の山中にはこうした集落が四〇ヶ所余りあり、どの集落にも同じくらいのカイト地名が存在します。おそらく隣家との距離が離れているため、一戸ごとにカイトが配付されたと考えられます。ほとんどの集落に「的場」「弓場」「矢場」等の弓矢に関する地名があるのも気にかかります。

それにしても異常に多いカイト地名の存在は不思議であるとしか言えません。現在の集落を見る限り、家と家の間が一〇〇メートル以上離れていることが関係あるかもしれません。どう考えても共同開墾がむつかしく、一戸一戸にカイトが支給された可能性が大です。

カイト地名がこんなに多くあるということは奈良時代からこうした集落が継続していたと考えられますが、何を生業に生活していたのでしょうか。現在は柿等の果樹栽培が多いようですが、古代は狩猟採集以外には考えられません。それにしては縄文遺跡がほとんど無く、地形上からも河岸段丘等は少なく、山の「平（ひら）」は縄文遺跡の適地とは考えられないのです。

したがってこれらの散村が形成されたのは鉱物資源掘削のためか、見方によっては、何かから逃れてきた人々が隠れ住んだとも思える山深い場所です。

その時期を大和建国前後と仮定すると、大和建国に反対した勢力のうち、中部・甲信越の山中に落ちていった氏族もかなりあったようであり、吉野山中へ落ち延びた氏族も当然あったのではなかろうかと推測できます。

天武天皇が隠棲した宮滝や後醍醐天皇が南朝の拠点とした賀名生《あのう》等多くの人々が隠れ住み、再起を果たした地域です。吉野は多くの人々を匿い、再起を果たした歴史があり、このあたりもそんな雰囲気を感じる場所であります。

令和六年の正月に里帰りしていた香川県に住む次男（香川大学教授）と、四国に取引先が多く、毎年四国を訪ねている長男が口をそろえて言うには、徳島県祖谷山中にも同様の村落があるが、焼畑と関係があるのではなかろうかと言っていました。調べてみますと、吉野とほぼ同様の散村であり、さらに中央構造線の外帯であることも近似していました。焼畑を生業にした集落なのかについては結論を保留してさらに調査したいと考えています。ほかに九州の椎葉村等にも見受けられるようですので調査を進めていきたいと考えています。

第六章

関東地方の谷戸、谷津地名について

「垣内」（以下カイト）地名の調査をしていて、以前から関東地方には極端に少ないことが気にかかっていました。しかし、地元岐阜県とカイト発祥の地と思われる奈良県の調査に長時間が費やされ、結果的に満足できる結論が得られなかったことから、どうしても谷戸・やと、谷津・やつ（以下ヤト・ヤツ）地名を調査・分析して、カイトとの関係を明らかにしなければ前に進めなくなったのです。すなわち関東地方のヤト、ヤツ地名がカイト地名と同源でなければ私の仮説が成り立たなくなったのです。

八世紀初頭、大宝律令の制定以降、日本国の統治は関東一円にまで及んでいたことは確実であり、戸籍の編纂、班田収受、租庸調の税制導入等は国の主要政策であり、その一環である土地開発政策からカイトが生まれた可能性を考えると、関東地方一円にも隈無くカイトがあるはずです。そして先にも述べましたが、再三の征夷にもかかわらず統治できなかった陸奥国以北にはカイトは無いはずです。

これがカイトの問題を解く最初の命題であります。

『角川地名大辞典』により岩手県の小字地名をすべて調べた結果、カイトはもちろんヤト・ヤツ地名も皆無でした。カイトは北東北地方が日本国に編入される、鎌倉時代より以前の施策である根拠であると言えます。さらに、関東地方に「カイト」

が少ないのも、そうした東北地方との接点であることと、方言等で呼称が何らかに変化しているからであろうと考えたのです。

本稿ではこの関東地方には少ないカイト地名とヤト、ヤツ、ヤ地名との関係を考えていきたいと思います。

一、ヤト・ヤツ・ヤ地名はカイトか

今までの調査・研究の中でヤト・ヤツはカイトとほぼ同じであるという、確信に近い仮説を立てて進めています。それに至った経緯を説明していきたいと思います。

カイトは国の政策として、国司等によりほぼ同時に関東にも導入されたと考えられます。カイトの表音がそのまま取り入れられましたが、長い年月と方言の影響で、地方ごとに「〇〇カイト・ガイト」から種々の表音・表記に変化したと考えられます。その一つがヤトであり、ヤツです。

ヤト・ヤツ等は関東地方の台地、丘陵地帯に入り込んだ開析谷の緩斜面に多く、典型的な里山の風景の中にあります。山田秀三先生の『関東地名物語』でも、先生の長年にわたるフィールドワークにより、そのことは確認されています。だから住民の間でもヤト・ヤツはそうした地形を表す普通名詞として当たり前に使われているのです。

多くの地名研究者の間では関東以西のカイト地名（ほとんど小字）は土地開発地名と考えられています。私もそこまでは同じ意見でありますが、もともと耕地というものは原野を開墾したものであり、どのような形態で開墾したのがカイトなのかについてはあまり説明されていません。

柳田国男は『遠野物語』九の注において、「ヤチはアイヌ語にて湿地の義なり、内地に多くある地名なり。またヤツともヤトともヤともいう」と書いています。「谷地・やち」（以下ヤチ）は湿地を表すことには間違いありませんが、アイヌ語研究者である山田秀三先生もアイヌ語とは関係無いと書いておられます。「ヤツともヤトともヤともいう」ということについては、なぜ同じ地形をそのように多様な呼び方をするのかについては示されていません。

以前より多くの地名研究者からカイトとヤト・ヤツは同じであると言われてきましたが、肝心のカイトの語源・由縁がわからないために、しっかりした根拠を示すことができなかったようです。

私は「〇〇谷・ヤ」は「〇〇谷地・ヤチ」のチが消えたもので、湿地を表す地名であり、ヤト・ヤツは主として陸田の開墾に適した土地で、カイトが変化した全く別物であると考えています。そのことを、根拠を示して後述したいと思います。

二、ヤト・ヤツ・ヤ地名の分布概況

まず山田秀三先生の調査データを参考にして東京都を除く六県のカイト・ヤト・ヤツ・ヤ地名等を改めて『角川地名大辞典』から拾い出し、データ化する作業を進めました。ルビの無い自治体については漢字の読みがわからないので除外していま す。それを集計して関東地方の白地図に落とし、カイト・ヤト・ヤツ・ヤ地名の分布状況を調べてみました。

最初に目に入ったのが、群馬県のカイト・カエト・ガヤト・カイド等と表音される小字地名が七八〇ヶ所もあり、その半分が「谷戸・ヶ谷戸」と表記されていることです。あとの半分は貝戸・改戸・開戸・替戸等と表記されているので、中部以西のカイトとほぼ同じです。

埼玉県と東京都では「○○ヶ谷戸」と表記して「○○ゲート・ヤト」等の表音も加わりますが、群馬県とほぼ同じです。

神奈川県ではほぼ全域（鎌倉市・横浜市の一部を除く）で「○○ヶ谷戸」、「○○谷」と表記して「○○ヤト」と表音されています。この「○○ヤト」は群馬県でもいくらか見受けられますが、北へ行くほど少なくなるようです。反対に「○○カイト」は南へ行くほど少なくなります。

次に「○○谷津・ヤツ」、「○○谷・ヤツ」については、群馬県の南半分、埼玉県にも相当数ありますが、茨城県、千葉県はほとんど「○○谷・ヤツ」です。神奈川県では横浜市金沢区、鎌倉市に多くあり、対岸の千葉県の影響を受けていると考えられます。

「○○谷・ヤ」は栃木県のほとんどに分布し、群馬県東部、埼玉県東部、東京都、茨城県に多く、利根川の洪積平野、および縄文海進による多くの湿地帯に関係する地形地名であると思います。

群馬県、埼玉県には表音・表記共に変化が多く、もう少し詳しいデータが欲しくなり、『角川日本地名大辞典』により関係地名を再度拾い直してみました。

この作業の中で気が付いたことは、方言による影響をかなり受けていそうだということです。表音はルビにより判断しますが、幸い資料が明治八年頃の、字絵図や地籍図ができた時のものであり、これを整理すれば比較的正確なデータがとれる期待が高まりました。

鎌倉時代に書かれた『名語記』という語源辞書には『鎌倉に、いりいりをやつとなづく。さて、谷の字をやつとよめる心。如何」とあります。作者もかなり戸惑っているようでありますが、この短文の中に重要な要素が二つあります。

一つは、「いりいり」ですが、「いり」の複数表現であり、多くの「いり地形」があるということでしょう。漢字表記すると「○○入」、「○○杁」であり、関東地方の丘陵・台地の開析谷には、数え切れないほどこうした地名が多くあります。おそらくヤト、ヤツより歴史の古い、開析谷の一部の呼び方であったと考えられます。

二つ目は、「谷・タニ」の字をなぜ「ヤ・カイ・ヤツ」と読むのかということです。すでに鎌倉時代には「入」地形に谷戸・谷津等と名付けられた意味も、それらの語源も、そして「谷・タニ」の字を「ヤ・カイ・ヤツ」と表音する意味もわからなくなっていたと言えます。

新井白石の書いた『東雅』という書には、「谷、読みてヤツといふ事は、播磨国風土記にみえたり……」とあるので驚いて『播磨国風土記』を調べてみましたが見つかりませんでした。白石の間違いであろうと思われます。参考までに『常陸国風土記』には「夜刀の神」（ヤツ・ヤトの神）として書かれています。「夜刀」は仮名表記であり、「谷・谷津」かどうかは不明ですが、おそらくそうであろうと思います。

三、ヤト・ヤツ地名等は地形を表す地名なのか

ヤト・ヤツ等は本当に地形を表す地名なのでしょうか。

確かに尾根と尾根、台地の間に舌状に入り込んだ緩斜面の地形にこの地名が多いことは認められますが、茨城県のヤツ地名の分布を調べてみるとそうとばかりは言えないのです。比較的標高の低い霞ヶ浦付近、行方台地の行方市《なめかた》と、もう少し北に上った中山間地とも言える常陸大宮市のヤツ地名分布から検証してみることにしました。

茨城県行方市は面積のほとんどが標高二〇～五〇メートルの比較的低い台地上に

あり、複雑に入り組んだ、ここで言う典型的な「谷津地形」の多い地域であります。『角川地名大辞典』（茨城県）から同市の小字より「谷津・谷ツ・谷（ヤツ）」地名を拾ってみますと五六の大字に約一六〇ヶ所余り見受けられます。ヤツ地名が全く無い大字は一三ヶ所ありますが、グーグルアースでこれら大字の地形を見ますと数ヶ所以上の「谷津地形」が確認でき、地形名であるという納得は得られません。残りの四三の大字については一～一五ヶ所のヤツ地名があります。

幸いにも行方市旧麻生町には『麻生町小字名考』という小字字絵図も付した名著があり、小字の位置が特定でき、たいへん参考になりました。以降はその字絵図をレイヤーとして地形図に重ねてみて判明した結果であります。

谷津地形であっても必ずしも小字にヤツ地名が付けられているわけではありません。ほかには「入・イリ」「内・ウチ」「堀・ホリ」「沢・サワ」等がその倍以上も見受けられます。

ヤツ地名であるが谷津地形ではない場所に付けられたものも一割程度ありますし、特に注視しているのは「入谷・イリヤツ」「内谷・ウチヤツ」等の小字地名です。同じ地形の言葉を二つ並べることは考えられず、「入・イリ」に設定されたヤツ、「内・ウチ」に設定されたヤツという意味であり、入・内等が古くからの地形地名ではないでしょうか。
行方市の分析はさておいて、次に常陸大宮市についても同じ手法で分析してみます。

常陸大宮市の場合は、七一の大字に一八〇ヶ所のヤツ地名がありますが、二五の大字には一ヶ所もありません。ただし、常陸大宮市の場合は全面積の五〇パーセント前後は標高一〇〇〜三〇〇メートルの中山間部が占めており、谷津地形は行方市よりはるかに少ないです。

さらに特筆すべきは、市北部の大字山方・小貫・照山・諸沢については、谷津地形というより河岸段丘、および山間の小平地に近い地形でありますが、ヤツ地名がこの四大字で四八ヶ所もあり、ヤツが開析谷を表す地形地名とは考えられません。

それではなぜ本来の「イリ・ウチ・ホリ・サワ」等の地形地名にヤト・ヤツ地名が加わったのかについて少しだけ触れておきたいと思います。

奈良時代に公地公民制に基づく班田収受が導入され、開析谷の入地形、台地上、河岸段丘、扇状地等にあった集落（非農耕民）に対して国が土地を支給し、麦・粟・稗等の生産拡充による税収の増加と、公民の土地への張り付けを図りました。これらの地形は泉が湧き、日当たりもよく、災害に対しても安全であり、縄文時代から集落が形成され、狩猟採集・漁労を主とした生活が奈良時代まで営まれていました。

その時支給された土地が、カイトが変化したヤト・ヤツ地名であり、現在に引き継がれているのです。おそらくその土地は彼らの狩場であり、原始農耕とも言えるクリ等の栽培や、焼き畑であったものを収公して再配分したものであろうと考えられます。


私がカイト地名の研究に没頭した発端は、何度も繰り返しますが、私が住んでいる地域のカイト地名と縄文遺跡の分布がほぼ完全に一致していることに気が付いたからです。このことは、岐阜県は言うに及ばず中部地方全般についても同様の結果を得ています。

要するに縄文晩期から継続して集落が営まれていた場所、および冷涼化、土地収奪等により縄文晩期から弥生にかけて移転したと思われる非農耕民（主として縄文人）の居住場所に、多くカイトが存在するのです。

関東地方においても群馬県の赤城・榛名山麓、神奈川県・東京都・埼玉県・千葉県・茨城県の丘陵・台地周縁部にヤト・ヤツ地名が多いことと同一であります。弥生時代中期にはすでに稲作を携えた弥生人が入植していましたが、彼らの集落付近にはヤト・ヤツ地名は皆無に近いのです。

特に縄文遺跡の密度が全国一の千葉県には六〇〇〇ヶ所余りのヤツ地名があり、その相関関係は無視できないと考えられます。

表-7は千葉県でもヤツ地名が最も多い市原市の一七〇余りある大字を地形ごとに分類し、ヤツ地名と縄文・弥生遺跡の分布も付加した表です。ヤツ地名は、面積の五割以上を台地・丘陵・山地が占める(①、②)大字一〇八で八五パーセントを占めています。縄文遺跡の分布もほぼ同じ割合を示しており、岐阜県のカ

表-7 千葉県・市原市ヤツ地名等分布

NO	地形	大字数	ヤツ等地名数	一大字あたりのヤツ等地名数	縄文遺跡数	一大字あたりの縄文遺跡数	弥生遺跡数
①	面積の0～25%が低地平野の大字	80	556	7.0	243	3.0	18
②	面積の25～50%が低地平野の大字	28	126	4.5	47	1.7	5
③	面積の50～75%が低地平野の大字	12	55	4.6	27	2.3	3
④	面積の75～100%が低地平野の大字	52	65	1.3	76	1.5	51
合計		172	802	4.7	393	2.3	77

④「面積の75～100%が低地平野の大字」52のうち25はヤツ地名も縄文遺跡も0である。
①「面積の0～24%が低地平野の大字」とは「面積の75～100%が山地・台地等の大字」となる。
筆者作成

イト地名の分布と全く同じであります。

また面積のほとんどを低地平野が占める④の大字では、弥生遺跡が突出して多くありますが、縄文遺跡、ヤツ地名は極端に少なくなります。さらに、④の大字では五二大字中二五については、縄文遺跡は皆無です。したがってヤツ等カイト地名も皆無です。

このことからも、ヤト・ヤツ地名はカイトが音韻変化したものであり、当初から地形地名ではなかったと結論づけられます。

四、カイトがヤト・ヤツに変化したと考えられる根拠

奈良・平安時代にはほぼ関東全域が東北弁を使用する範囲となっていたとされています。当時の方言を含む日本語史よりその変化をたどってみたいと思います。

カイト・ガイトという音は多くの東北方言の影響を受けやすい言葉であり、原型をとどめないいくらいの変化をしたと考えられます。例として群馬県のカイト・ヤト・ヤツ地名の分布を表記・表音別に詳細に調べ、表にしたものが**図Ⅰ-2**です。カイトからヤト・ヤツへ変化した過程を、「泉垣内」を例にして、この表に付記された①～

図-2 カイトからヤト・ヤツへの変化

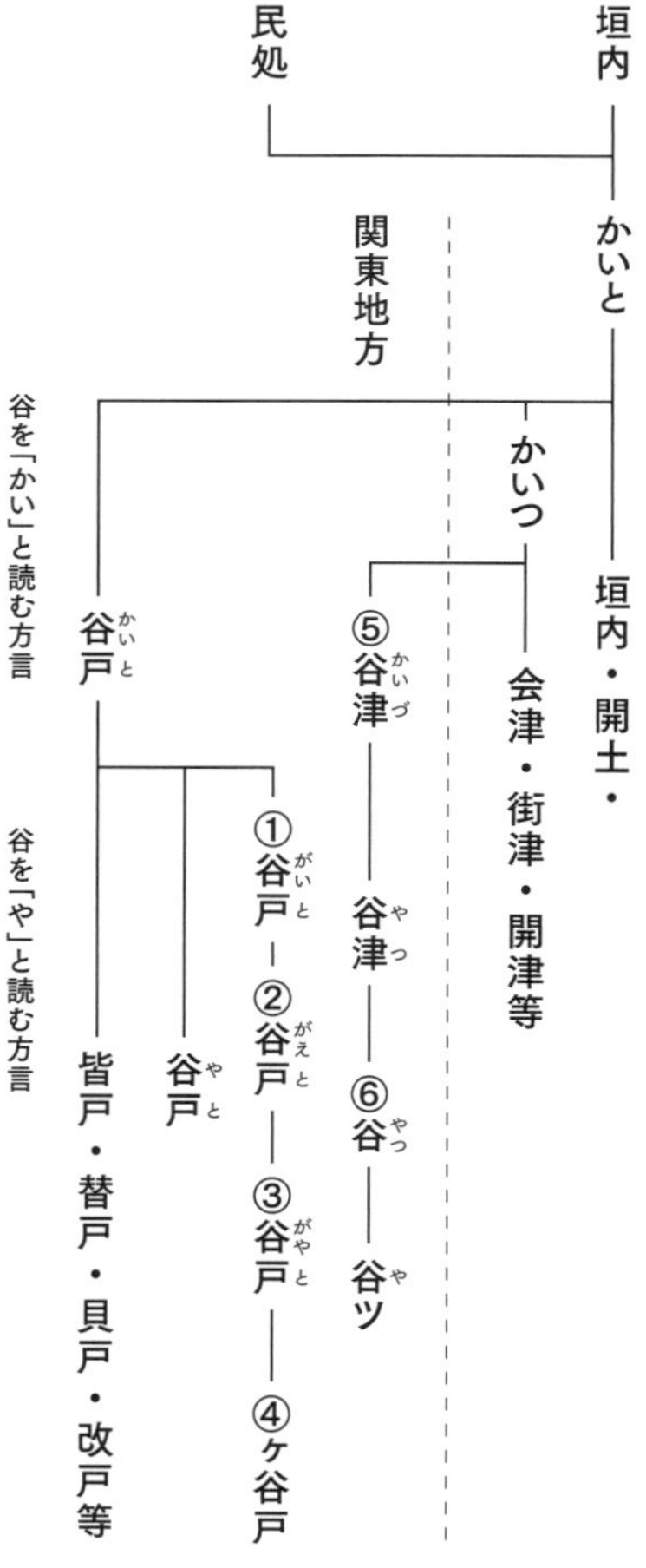

⑦で説明します。

① 連濁《れんだく》（イズミカイト↓イズミガイト）による変化

最初に「連濁」という日本語の規則についてですが、カイト地名は現在「泉貝戸」等のように「泉」と「貝戸」の二つの体言（名詞）の複合語がほとんどです。当初は「貝戸」だけの単語であったと思われますが、同じ地域内に複数の「貝戸」があっては、どこの貝戸か判別がつかないため、頭にそれぞれの判別語が付会されたと考えられます。

その結果ほとんどのカイト地名が複合語（二つの体言が結びついて一語になる）になり、多くの場合、読む時には後の語の語頭の清音が濁音に変化します。このことを「連濁」というのです。連濁は誰もが意識せずに発音しています。岐阜県、奈良県は言うに及ばず、ほぼ全国でそのように発音されています。

例えば「泉貝戸」は「泉・イズミ」＋「貝戸・カイト」であり、これを一語として発音すると二語目の「カイト」の「カ」が「ガ」と濁り、「イズミガイト」となるのです。

②連母音《れんぼいん》（イズミガイト↓イズミガエト）による変化

関東地方では東北方言の大きな特徴である、「連母音」による変化、すなわち「イ」と「エ」の発音があいまいであり、イがエと聞き間違えられることが多いという現象が見られます。

前述の例、泉貝戸で説明しますと「イズミガイト・izumi gaito」のガイトの連母音ａｉ・アイの発音があいまいであることから、イズミガイトがイズミガエトと聞きなされます。

③訛《なま》り（イズミガエト↓イズミガヤト）による変化

「イズミガエト」はさらに「イズミゲート」等に訛っていき、「イズミガヤト」に落ち着きます。また、カイトもカエト・カヘトとなり、これらの変化の過程を表す地名の表音・表記は今でも群馬県、埼玉県の各地に残されており、山田秀三先生もこのことを確認されています。

④連体助詞《れんたいじょし》（イズミガヤト↓イズミ＋ガ＋ヤト）による変化

ここまでは至って単純なのですが、そのあとでさらに大きな誤解釈が生じて、混乱のもとになったのです。

先に説明した「イズミガヤト」の連濁音「ガ」が、二つの名詞をつなぐ「連体助詞」の「が」とみなされ、イズミ＋ガ＋ヤトとなり、検地等の記録時に役人により、「泉ヶ谷戸」と捨て文字「ヶ」に替えて表記されたようなのです。連体助詞とは二つの名詞をつなぐ役目を持つ助詞の一つで、現在では主として「の」が使用されます。

例で説明しますと「東」と「垣内」を連体助詞でつなぐと「東の垣内」となります。また、「郡上の八幡」、「美濃の白鳥」となりますが、いずれも「東垣内」、「郡上八幡」、「美濃白鳥」でも通用します。この場合、主体となる言葉は後に用います。「垣内の東」では意味が全く変わってしまいますし、「八幡の郡上」「白鳥の美濃」では意味がほとんど反対になり通じません。「東垣内」では付近に「西垣内」「垣内」が存在すると考えられます。「郡上八幡」では「近江八幡」等との区別をしています。

連体助詞は「の」のほかに古くには「が」が使用された時代もあります。「茅ヶ崎」、「関ヶ原」のように「ヶ」と表記して「が」と発音する地名は全国に数え切れないほどありますが、特に関東に多いような気がします。その関係か先に説明した「連濁」のガイトがガエト→ガヤトと変化して「イズミ　ガ　ヤト」となり、「ガ」が連体助詞の「が」と読み違いされ、「泉ヶ谷戸」と表記されたのです。おそらく中世以降の検地等によるものと考えられます。

したがって「カイト」が「ヤト」と、まるっきり違う発音に変わってしまったのです。やっかいなのは検地等に立ち会った住民は「イズミガヤト」と発音したつもりということなのです。住民の間では長く言い伝えられてきた呼称であるから、それ以後もカイト・ガイト・ゲート・ガヤト等と発音したことと思います。しかし住民の識字率が上がるにつれてヤトと読む人たちも現れ、混乱が始まるのです。

現在でも○○ヶ谷戸と書いて、「○○ガイト、○○ゲート、○○ガヤト、○○ヤト」とその呼称はさまざまであります。

柳田国男の『地名の研究』では私とほぼ逆の説ですが、参考に引用しておきます。

……たとえば谷をヤまたはヤツと訓《よ》ましめる習慣である。扇《おうぎ》ヶ谷《やつ》・世田《せた》ヶ谷《や》などと、鎌倉ではヤツを谷と書くこと年久しく、しかも鎌倉は文化の一中心であったために、諸国に真似をする者が出て今は当然のように考えられているが、いわゆる谷《やつ》七郷はむしろこの地方のみの特色で、果して東部日本の全体にわたって、ヤツが必ず京都以西のタニと同じ地形を意味していたかどうかは疑問である。鎌倉附近の昔のヤツに草木の鬱蒼たりし場合を想像してみても、実は西国に生まれた者のタニという考えとは同じでない。ヤツが谷中《やなか》や谷村《やむら》などのごとく、ヤの一字音に変化しているのを見ると、本来は拗音《ようおん》であったかと思うが、北武蔵から上州辺にかけては、ヤトといって谷戸の二字を宛てている。何ガヤトなどとガの語を中に挟むこと鎌倉も同様である結果、誤って垣内（かいと）の字を用いた者も少なくない。つまりは山中よりも里中に多く、附近に民家のある場合が普通であったのである。たくさんの同名称地形を比べてみねばならぬが、おそらくは二つの高地の中間にあって、民住と耕作とに便であった処、すなわち人は一方の岡の麓に住み、間近く田にもなり要害にもなるような水湿の地を控えた場処を、ヤツまたはヤトと名づけて珍重したものではないか。果してそうならば東北・北海道で谷地と書きもしくは萢などの新字を宛てているところのヤチという語と元一つであって、必ずしも高地の中間の谷なることを要せず、単にたまたま鎌倉近傍のヤチが、谷と書いてもほぼ当っていたためにこういう漢字が固定したものといい得る。

奈良県・岐阜県等のカイト地名に連体助詞の「が・ヶ」が名詞と名詞の間に使用されている例はほとんど見当たりません。関東で谷戸、谷津地名に突出して多いのは前述の理由によるものであり、「泉ヶ谷戸」、「扇ヶ谷津」は「泉谷戸」、「扇谷津」で十分通用すると考えると、なぜ「が・ヶ」の連体助詞が挿入されたのかについて考える必要があります。言うまでもなく連濁の「が」が連体助詞の「が」と認識されて表記されたことが原因なのです。

本来の連体助詞の使い方を「東垣内」で説明すると、古い使用例では連体助詞の「が」を用いて、「東が垣内」になりますが、この場合、「が」は捨て文字の「ヶ」で表記され「東ヶ垣内」となりますが、連体助詞「が」と連濁の「が」との濁音が二字続くのは不自然です。連体助詞の「が」は和歌等文学の分野等で今も使用されますが、一般的には「の」のみが使用され「東の垣内」または「東ノ垣内」となります。複合語「東垣内」で十分通用しますので連体助詞の「の」は省略されるのが普通です。

関東地方でも特に攪乱が大きい群馬県の分布状況を見てみると、群馬県は基本のカイト・ガイト発音が六割くらいと多く残っていますが、旧南勢多郡を中心に一部「替戸・カエト」が見られるし、「〇〇ヶ谷戸・ヤト、ガヤト」も残されており、「カイト・ガイト」から「ヤト」に変化する過程が一部に残されていることが読み取れます。

また、埼玉県ではカイト・ヤツ・ヤト地名二三〇ヶ所のうち一三〇ヶ所、約五七パーセントについて連体助詞の（が・ケ）が付加されており、①→②→③→④と変化を繰り返してカイトがヤト・ヤツに変わったものと考えられます。

⑤音韻の交替（イズミカイト↓イズミカイツ）による変化

残りの三割ほどはヤツ・ヤです。「谷戸・ヤト」は鎌倉市と横浜市金沢区を除く神奈川県の全域や東京都にもあり、千葉県、茨城県に入ると「谷津《やつ》・谷《や》ツ・谷《やつ》」等に変化していきます。

当初ヤツはヤトの「音韻の交替」であり、トがツに交替したものと考えていましたが、再度群馬県のカイトを調査した結果、どうも大きな勘違いをしていることに気が付きました。群馬県の榛名山麓の村々には同じ大字内に「谷戸、貝戸《かいと》」と「谷津、谷ツ」が混在しています。

カイトは当初、漢字表記は別にして「かいと」表音で施行されたと考えていましたが、長い間に一部の「かいと」が「かいつ」に音韻交替したという思いの方が強くなりました。そして漢字が普及した頃に「谷戸・かいと」と「谷津・かいつ」表記になったと考えたのです。

私の住んでいる岐阜県の郡上市でもカイトをカイツと言い、「会津」等と表記されます。破裂音タ行の「ト」と「ツ」が交替することは、国語史上でもかなり頻繁に見受けられるようです。こうした破裂音は発声が小さく、短いので聞き手が間違って聞くからと言われています。

しかしわからないのは、なぜカイトの「カイ」に「谷」の字を当てたかということです。各種の辞書を調べても「谷」を「かい」と読む例は出てきません。

『袖中抄』に「登蓮法師伝、ひたちの国の風土記に、浅く、広きは澤といひ、深くせばき(狭)をばかひやといふと見えたると申し侍りしかど、彼風土記みえずばおぼつかなし」とありますが、『常陸国風土記』も逸文《いつぶん》であり、すべてが残っていません。七二一年の完全版には出ていたのでしょうか。「かひや」とは峡を「かひ・かい」谷を「や」、「峡谷・かひや」と読んだというのでしょうか。

現在でも群馬県には「谷戸」と書いて「かいと・かへと・がやと」と読む小字地名が三〇〇ヶ所以上あります。

谷と沢についてはほぼ同じ地形を、愛知県三河地方から東では「沢・さわ」というのが主流になりますし、以西では「谷・たに」と呼びます。例外として一部地域(岐阜県美濃地方周辺・伊豆半島)では「洞・ほら」とも呼びますが、愛知県三河地方以東では「谷」の字を「や」と読んでもほとんど間違いありません。

「かい」も「や」も関東地方、東北地方の方言による読み方だと考えられますが、さらに「谷」は「や」と読むように変わっていきます。「谷戸」は「ヤト」に「谷津」は「ヤツ」に変化したようです。

このうちのヤツは埼玉県から千葉県に多く、「〇〇谷、谷津・〇〇ヤツ」となり、東京湾対岸の横浜市金沢区を経て鎌倉市に伝わっており、一方茨城県から栃木県にも影響を及ぼしています。

⑥無声子音《むせいしいん》に狭母音《せまぼいん》（イズミヤツ↓イズミヤ）がついた音が語尾・文末に来た時の変化

「〇〇谷」と表記して「〇〇ヤ」と読む地名が栃木県に多く（五二〇）、ついで群馬県（三二八）、埼玉県、東京都と続きます。ご存じ東京都の日比谷、渋谷、世田谷等の「谷・ヤ」地名です。

一般的な発音の規則として、狭母音「い・i」「う・u」が無声子音（か・さ・た・は・ぱ行の子音）に挟まれた場合、および文末に来た場合は「い・i」「う・u」の声帯の振動が無くなって、母音が全く聞こえないか、聞きにくくなることが多いのです。「ヤツ・yatu」の場合は文末に来た場合の例に当てはまり、「××ヤツ」の「ツ」が無声化して聞きにくくなり、消えてしまったことは十分考えられます。

また非狭母音の「あ・a」、「え・e」、「お・o」も数パーセントの確率ではあるが母音が聞きにくくなることがあると言われています。今回調査した各県にも「貝戸・カイト」「ヶ谷戸・ガヤト」等から「ト・to」が消えたと考えられるものも各二〇例くらいありました。

しかし「戸・ト」の消えた語尾は「谷」ばかりでなく、「〇〇貝」、「〇〇替」、「〇〇改」、「〇〇開」等で終わる地名でもかなり見受けられます。これらもカイ・カヒ・カエ・ガエ・カヤ・ガヤ・ガへ等と発音されるところを見るとカイト地名であると考えられ、群馬県・埼玉県・東京都に見受けられます。

しかし、今回「谷《や》」地名を抽出していて何となく漠然とした不安を感じたことがあります。あまりにも多すぎるのです。特に埼玉県東部・栃木県に多く、ほかの県も沖積・洪積平野に多いので、これはカイトと違うのではないかという思いが徐々に膨らんできたのです。この件については、六章の五節「「谷・ヤ」はヤト・ヤツと同じではない」で詳しく説明いたします。

⑦「谷」の字を「かい」、「や」と読む方言による変化

いつ頃のことかまだはっきりしていませんが、東日本では「谷」の字を「かい」、「や」と読んだ形跡があります。周囲より標高が低くなっている地形であり、細長く溝状に伸びた低所の総称を関西では「谷・たに」と呼びますが、関東では主に「沢」、「谷・かい」と呼びます。特に「谷・かい」と呼ぶことが後にカイトがヤト・ヤツに変化する、一つの大きな原因になったと考えられます。

例として熊谷を①「くまがい」、②「くまがや」、③「くまのかい」等と読みますが、いずれも谷を「かい」と読んだものであり、①は連濁、②は連母音と訛り、③は連体助詞の「の」が付加されたものと考えられます。おそらく「かい」と読んだ方が古く、後に「や」と読むのが一般化したと考えられます。

群馬県を中心にカイトの表記を「谷戸」として「かいと」「がいと」「がえと」「がやと」「げーと」等と読む例が数百件あります。「谷」の字を「かい」と読む根拠についてはよくわかりませんが、山と山が迫った地形を言う「峡」は「かい・かひ」とも読み、「谷」とほぼ同じ意味であります。（『日本国語大辞典』）

郡上市にもかつては「かいつ」と読んだと思われる「谷津・たにつ」が四ヶ所、

「谷通・たにどおり」が五ヶ所あります。

江戸時代末期頃から愛知県三河地方から東では「谷」を「や」と読む方言が一般的になります。先にも述べましたが、「熊谷・くまがや」市も明治六年以前は「くまがい」と呼ばれ、「谷」は「がい・かい」と読まれていました。

このことにより、多くの地域で「谷津《かいつ》」が「谷津《やつ》」に、「谷戸《かいと》」が「谷戸《やと》」と読まれるようになります。

しかし、「谷戸《かいと》」のすべてが「谷戸《やと》」と読まれるようになったわけではなく、地域によってはそのまま「かいと」で継続されていることも多く、事はそんなに単純ではありません。事実群馬県では三〇〇ヶ所くらいが、現在も「谷戸《かいと》」と読まれています。郡上市でも「谷」を「や」と読む方言はわずか（二〜三％）ですが残されています。

五、「谷・ヤ」はヤト・ヤツと同じではない

図—3は埼玉県のカイト・ヤト・ヤツ・ヤ地名を、白地図に落としたものです。こ

れを精査してみると「〇〇ヤ」は、やはり大宮台地を挟んだ中川低地と荒川低地に多く、台地上や山裾のヤト・ヤツが多い地区には少ないのが一目瞭然なのです。

　当時の湿地帯はどうしようもない悪地であり、そんなところにカイト（ヤト・ヤツ）があるとは考えられません。湿地帯は場所によって面積の大小があります。したがって、湿地帯を表す谷《や》地名は、小字・大字はもちろん、市区町村名にも多く存在するのです。

　例えば深谷市・熊谷市・越谷市・守谷市・鎌ヶ谷市・世田谷区・渋谷区等です。町村名や大字

図-3 埼玉県カイト・ヤト・ヤツ・ヤ地名分布図

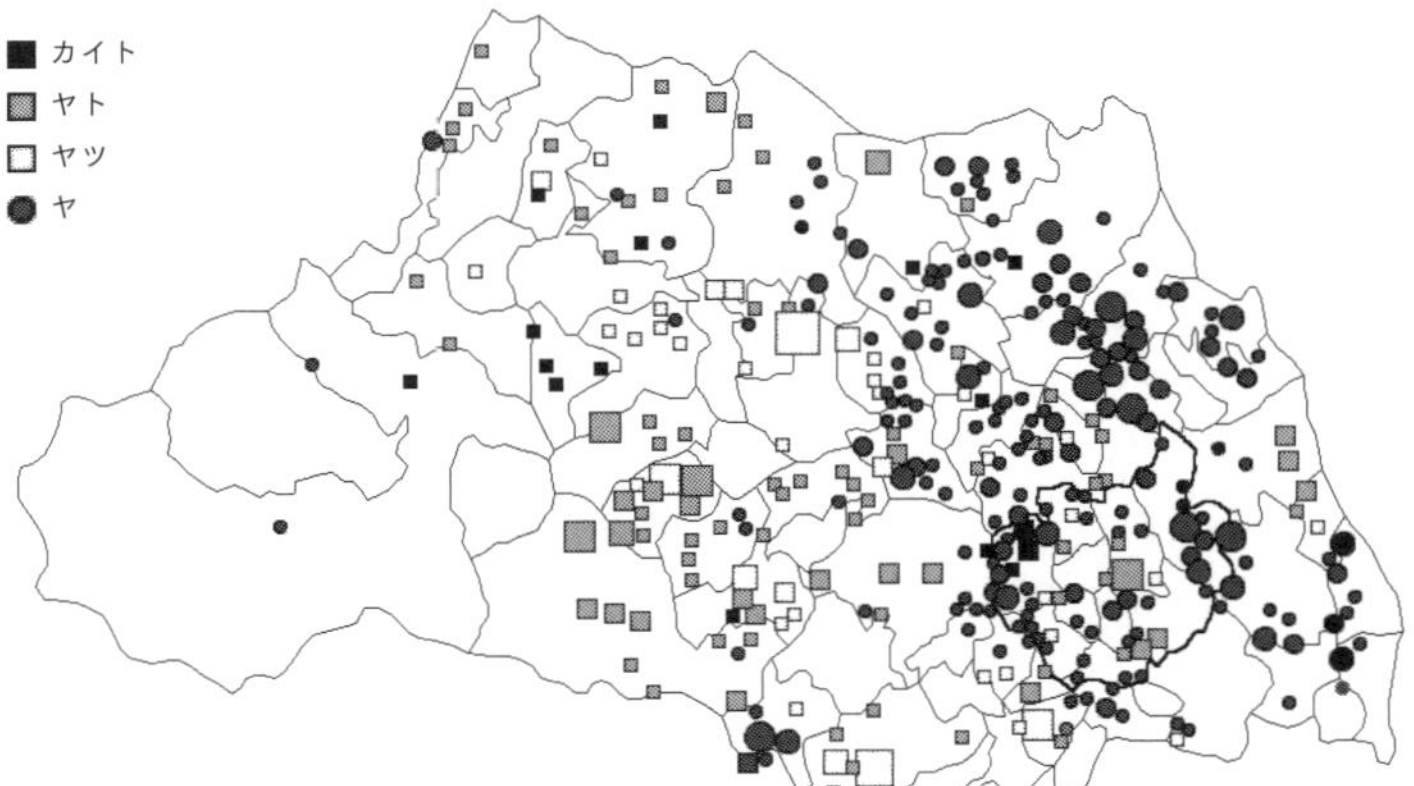

筆者作成

名を加えたら数えきれないほどあります。一方、カイトであるヤト・ヤツは山間部を除き三ヘクタール以上はほとんど無く、小字以外には皆無と言っていいほどありません。もし「谷《や》」と「谷戸《やと》・谷津《やつ》・谷《やつ》」地名が同じであれば「谷戸《やと》・谷津《やつ》・谷《やつ》」も大字、市区町村名にあってもおかしくないはずです。

数日後にようやく閃いたことがありました。前述した柳田国男の言葉にあった「谷《や》地《ち》は湿地を表し、谷戸・谷津・谷《やつ》と同じである」というその「谷地《やち》」のことに思い至ったのです。

よく考えてみれば「谷地」もyatiであり、tiのtは無声子音でiは狭母音で文末に来た場合は「チ」が消える可能性が大きいのです。例えば「泉谷地・イズミヤチ」が「イズミヤ」と聞きなされ、泉谷と表記され、「地・チ」が消えてしまうのです。

今まではヤツのことばかり考えていましたが、ヤチについても当然同じことが言えると気が付いたのです。むしろヤツについての表記上はともかく、表音上「ツ」が消えた例は比較的少ないようです。原因はヤチ・ヤはヤト・ヤツよりかなり前より使用されており、住民の間では混同を避けたとも考えられます。

谷《やつ》の原形は「谷津」であり、本章第四節の⑥により、「津・つ」が表音・表記ともに消えたのだと思われます。しかし、ルビがないと湿地を表す「〇〇谷・や」との区別ができず、「谷ツ」と表記するものもあります。

柳田国男が「谷地は湿地を表し、谷戸・谷津・谷と同じである」と結論づけた根拠はこのあたりにあるのではなかろうかと考えました。

ヤツの「ツ」も千葉県・茨城県等では同じように消えたと考えられますが、住民の表音はヤツが守られ「谷」一字でも「ヤツ」と読まれたのです。このことは山田秀三先生もヤト・ヤツとヤチ・ヤは明らかに違うと書いておられ、卓見であると思います。

谷地《やち》地名は栃木県、群馬県、茨城県には少し残されていますが、埼玉県、東京都にはほとんどありません。北へ行くほど「谷地《やち》」の占める割合が多くなります。反対に省略形である「谷《や》」地名は西へ行くほど多くなり、「谷地《やち》」が「谷《や》」に変化した様子が窺えます。

岩手県のヤチ地名を拾ってみますと、ほとんどが「谷地」表記でした。

確証はありませんが、当時関東は東北弁の方言範囲であったと言われています。関東までは国衙があり、西国から赴任した役人や、稲作を携えて入植した農耕民が、「谷地」の「ち」を聞き漏らしたことが原因と考えられます。

「谷地・やち」はyatiであり、tiのtは無声子音でiは狭母音であり、文末に来た場合は「チ」が消える可能性が大なのです。

埼玉県の「ヤト・ヤツ・ヤ」地名については、表—8に詳しく示します。

六、「泉垣内・イズミガヤト」はなぜ「泉ヶ谷戸」となったのか

「谷地」「塩谷」もそうですが関東地方には「谷」を「や」と読む方言があることに触れました。また、群馬県の榛名山麓にはカイトの表記を「谷戸」とする例が多く見られることから、方言により「ヤト」に読み替えたとも考えられます。このようにしてヤト・ヤツ・ヤチ・ヤ地名の分類が混乱してくるのです。

いずれにしてもこうした地名が漢字表記されたのは、カイト制度が実施されてから少なくても数百年以上後であると考えられ、まだまだ一般農民まで文字が普及していない頃でしょうから、表記・表音が地域によって変わっても仕方が無いことであったろうと推測されます。

イズミガヤトの「ガ」を連体助詞の「が」とみなして、泉ヶ谷戸と表記したのはいつ頃か、誰かもわかりませんが、すでに「谷・タニ」という字を「ヤ」と読む例

が関東にあった可能性があります。先に述べた「谷地・ヤチ」であります。

ほかに古文献に「谷」を「ヤ」と読む例があるのかについて調べてみますと、和《わ》名抄《みょうしょう》に下野《しもつけ》国塩屋があり、『万葉集』の防人《さきもり》歌のほかいくつかの文献に残されています、下野国塩谷に該当すると言われており、「谷」の訓「や」の初見は奈良時代に遡るようです。

いつの頃かは不明であるが西国の人が東国のヤチを初めて見た時、西国ではこれは谷であるとの印象から「谷地」の字を当てたものと言う説もありますが、関東平野の「谷地《やち》」と関西の「谷《たに》」地形では大きな相違があります。

その後、泉ヶ谷戸と表記した人は瞬間的に「谷地」が頭に浮かんだのではないでしょうか。多くのヤト・ヤチ地名の中にはヤチに類似した地形があるため、イズミ＋ガ＋ヤトのヤトに谷戸という漢字を当て字したと考えられます。

表-8 カイト・ヤト・ヤツ地名とヤ地名の関係(埼玉県)

	町村数		
旧市郡名	カイト・ヤト・ヤツ地名あり ヤ地名なし	カイト・ヤト・ヤツ地名なし ヤ地名あり	カイト・ヤト・ヤツ地名あり ヤ地名あり
足立郡	24	72	11
新座郡	4	1	2
入間郡	34	15	12
高麗郡	22	2	0
比企郡	17	12	3
横見郡	1	7	0
秩父郡	10	5	2
児玉郡	4	1	0
賀美郡	1	0	0
那珂郡	1	1	0
大里郡	1	0	0
男衾郡	6	1	0
榛沢郡	7	0	2
旛羅郡	6	1	0
埼玉郡	6	74	2
葛飾郡	4	26	0
計	148	218	34
	37%	54%	9%
小字地名(カイト・ヤト・ヤツ・ヤ)	(カイト・ヤト・ヤツ)	(ヤ)	(カイト・ヤト・ヤツ)
	谷つ×6、谷戸×4、谷津×6、上谷津、北谷戸、後谷つ×2、下谷つ、前谷つ、南谷、西谷、外谷津×2、中谷×2、内谷津×2、外谷津×3、西谷津、中谷つ、北谷津、下谷津、大谷戸、前谷戸、大谷×2、小谷、前谷×2、大谷ツ、上谷、下谷、下谷戸、東谷×2、谷ツ、北谷、殿ヶ谷戸×2、八十ヶ谷戸、	東谷×21、西谷×20、北谷×13、中谷×15、南谷×4、内谷×17、下谷×13、上谷×7、外谷×9、前谷×17、後谷×18、大谷×9、小谷×2、会ノ谷×8、町谷×4、向谷×3、相の谷×10、田谷×2、三谷×3、平谷×3、合ノ谷×2、四ッ谷×3、殿谷×3、裏谷×2、間の谷×2、鎌塚谷×2、東前谷×2、細谷×4、	西谷×3、北谷、上谷、小谷津、大谷、東谷、小谷津、下谷×2、大谷戸、西谷津、前谷、古貝戸、根貝戸、十郎ヶ谷戸、西ヶ谷戸、王子屋津、狢ヶ谷戸、寺替戸、引ヶ谷戸、虫ヶ谷戸、長谷、大黒ヶ谷戸、鳶貝戸、浅海戸、八ヶ谷戸、宮ヶ谷戸、神明ヶ谷戸、光蔵寺谷、外ヶ谷戸、団扇ヶ谷戸、

<table>
<tr>
<td rowspan="3">小字地名（カイト・ヤト・ヤツ・ヤ）</td>
<td rowspan="3">寺ヶ谷戸×2、北大ヶ谷戸、中大ヶ谷戸、南大ヶ谷戸、殿谷戸、狢ヶ谷戸×2、糀ヶ谷戸×2、北ヶ谷戸×2、鐘ヶ谷戸、広ヶ谷戸、谷×2、雉子貝戸×2、柚谷、鶉貝戸、土用ヶ谷戸、仲谷、芝ヶ谷戸、殿ヶ谷戸、宮ヶ谷戸、領家屋津、西ヶ谷戸×2、東ヶ谷戸、中ヶ谷戸、五味貝戸、奥貝戸、南西谷戸、大木谷戸、鷺ヶ谷戸、十二ヶ谷戸 雑魚谷ツ、原ヶ谷戸、栗谷、作谷津、平山谷、堂谷、天神谷、山王谷、牛ヶ谷戸、堂ヶ谷、後ヶ谷戸、杓子ヶ谷戸、道ヶ谷戸、小ヶ谷戸、恋ヶ谷戸、撥ヶ谷戸、大ヶ谷戸、金堀谷ツ、引ヶ谷戸、笠ヶ谷戸、堂ヶ谷戸、下ヶ谷戸、姥ヶ谷戸、黒ヶ谷戸、黒ヶ谷戸、隠ヶ谷戸、西ヶ谷戸、大ヶ谷戸、天神ヶ谷戸、猪ヶ谷、稲荷谷、番匠ヶ谷戸、原ヶ谷戸、鳥ヶ谷戸、大場ヶ谷戸、御堂ヶ谷戸、薊ヶ谷戸、宮外戸、菅の谷、小網ヶ谷戸、金子ヶ谷戸、御堂谷戸、尼ヶ谷、向谷、貝戸、武藤ヶ谷戸、金谷、南牛蒡ヶ谷戸、北牛蒡ヶ谷戸、鳥ヶ谷戸、児玉谷、笠替戸、細ヶ谷戸、壁ヶ谷戸、山谷戸、橋ケ谷戸、滝ヶ谷戸、天神谷、坊ヶ谷戸×3、後ヶ谷戸、柿ヶ谷戸、漕ヶ谷戸、野花開戸、へばら谷、大物谷戸、久保ヶ谷、新ヶ谷戸、退ヶ谷戸、柄杓ヶ谷戸、助ヶ谷戸、檜ヶ谷、油ヶ谷戸、柚木谷戸、向ヶ谷戸、八幡谷つ、上ヶ谷戸、鍛治ヶ谷戸、不動ヶ谷戸、岡谷、能施ヶ谷戸、正覚ヶ谷戸、宮谷戸、殿谷戸、栗ヶ谷戸、原ヶ谷戸、大山ヶ谷戸、三ヶ谷戸、法螺ヶ谷戸、衆生ヶ谷戸、孫四郎谷、森谷戸、扇谷、吉谷、藪谷、根貝戸×2、北貝戸×2、梅谷、神光谷、赤熊谷、瓜ヶ谷戸、狢谷、加賀谷、越中谷、慶連坊谷、当開戸、北海戸、和田谷、細貝戸、篠谷つ、椚谷つ、香取谷、本皆戸、谷津田、妙部ヶ谷戸、北ヶ谷戸×3、粕貝戸×2、茅ヶ谷戸、舞台ヶ谷戸、海道×14</td>
<td rowspan="3">葭谷×2、下野谷×2、西ヶ谷×2、渋の谷×5、鎌塚谷×2、東前谷×2、姥ヶ谷×2、糀谷×2、古谷、先ヶ谷、鍋谷、田保谷、一之木沢谷、五反田谷、深田谷、恩田ヶ谷、森谷、浦谷、三宝谷、広谷、瀬戸谷、渋谷、小ヶ谷、小路谷、実谷、池ノ入谷、皆谷、地ヶ谷、北紺谷、直谷、糀ヶ谷、栃屋ヶ屋、吉ヶ谷、熊谷、黒野谷、鳥ヶ谷、須場谷、西前谷、山谷、染谷、猿ヶ谷、会野谷、瀬戸谷、前沖谷、向沖谷、椚谷、行谷、辻谷、長島谷、建谷、槐谷、根谷、小蓋谷、向中谷、代官谷、丸谷、金谷、赤谷、管谷、貝塚谷、潤谷、高谷、八幡谷、合谷、入谷、鶴の谷、西前谷、東前谷、上大谷、下大谷、西下谷、東下谷、上前谷、下前谷、鍵谷、三田ヶ谷、永田谷、上内谷、下内谷、大丸谷、小丸谷、大門谷、合野谷、雲谷、内小谷、小須ヶ谷、一つ谷、関の谷、平松谷、割谷、谷、上合ノ谷、中三谷、西合の谷、神明ヶ谷</td>
<td>中ヶ谷戸、谷戸、松木ヶ谷戸、叺ヶ谷戸、滝ヶ谷戸、梶ヶ谷戸、西ヶ谷戸、関ヶ谷戸、春日ヶ谷戸、山之海道、北ヶ谷戸、袋ヶ谷戸、御堂ヶ谷戸、谷津、海道、辻ヶ谷戸、梅木谷、糠ヶ谷戸、蔦ヶ谷戸、広野ヶ谷戸、根貝谷戸、冷海戸、三ヶ谷戸、大ヶ谷戸、日野谷戸、平ヶ谷戸、御堂海戸</td>
</tr>
<tr>
<td>（ヤ）</td>
</tr>
<tr>
<td>西谷×3、大谷×3、後谷×2、北谷、東谷、下谷、上谷、相の谷、間の谷、谷、渋の谷、糀谷、会ノ谷、奥谷、北大谷、南大谷、前西谷、狢谷、西ヶ谷、神明ヶ谷、広谷、海谷、西ノ谷、松ノ木谷、四ツ谷、梅ノ木谷、下ノ谷、菖蒲ヶ谷、讃岐谷、向谷、三谷、屏風ヶ谷、後谷、稲荷谷、新谷、照ヶ谷、白谷、薬師谷、霧ヶ谷、根谷、替谷、下大谷、渋谷、峯谷、天神谷、鎌塚谷</td>
</tr>
</table>

連体助詞「が」（ヶ）が入るもの	
カイト・ヤト・ヤツの場合	ヤの場合
121	20

第一体言の字数					
カイト・ヤト・ヤツの場合			ヤの場合		
0字	37	13.1%	0字	2	0.6%
1字	88	31.2%	1字	256	74.0%
2字	120	42.6%	2字	73	21.1%
3字	35	12.4%	3字	14	4.0%
4字	2	0.7%	4字	1	0.3%
計	282	100.0%	計	346	100.0%

筆者作成

第七章

小字地名の比較文化概論

地名の研究においても、全国、他県、他市町村等との比較検討は重要なミッションであると考えられます。今回は古代日本文化発祥の地と言っても過言ではない奈良県の小字地名と、郡上市のそれを比較検討することにより、相違点について見ていきたいと思います。

二〇二〇年頃に岐阜県の小字データベースが完成し、二〇二二年一〇月に腰椎の圧迫骨折をしてから何もできないので、奈良県の小字データベースを手掛けることになりました。始めてから気が付いたのですが、ものすごく数が多いのです。ざっと計算して一二〜一三万ヶ所、岐阜県の三倍くらいありました。

元資料は七〇年前に大和地名研究所から発行された『大和地名大辞典』です。紙は薄くて活版印刷なので裏のページが透けたり、インクの薄いページが多くあったり、汚れや活字のクセがあり、スキャナーやOCRの読み取り、変換がうまくいきません。七ヶ月をかけてようやく投入し終えました。その成果を試すために両市の小字地名の比較を思い立ったわけです。

奈良県のカイト地名についてはデータベース作成以前の、二〇二〇年頃に抽出してあり、その多さはおそらくダントツで全国一であろうと考えられますが、その理由はまだはっきりしていません。

そうしたことも含めて郡上市よりカイト地名が三〜五倍多い五條市西吉野町と比較してカイトの謎にも迫ってみたいと思います。

一、五條市と郡上市の小字地名比較

五條市と郡上市、発音が似ているから取り上げたわけではありません。市域の九〇パーセントくらいが山間部であるという地形が似ているから取り上げたのです。

まず表−9の小字地名数と平均小字面積の比較を見てください。五條市は面積において郡上市の三分の一ですが、小字地名数は約五倍と驚くべき数値となっています。岐阜県と奈良県全域についてもほぼ同じような数値となっており、

表−9 郡上市と奈良県五條市の小字比較

	面積（㎢）	可住地面積（㎢）	小字地名数	平均小字面積		カイト地名数	カイト地名率（%）	縄文遺跡数
				㎡	ha			
岐阜県	10,621	2,211	53,268	199,388	20			2,379
郡上市	1,031	106	4,438	232,312	23	197	4	227
奈良県	3,691	851	131,265	28,119	3			324
五條市	292	75	21,503	13,580	1	1,321	6	11
（西吉野町）	92		10,995	8,367	1	636	6	0

（　）内は五條市再掲　　筆者作成

小字地名をざっと見た限りでは、明治初めの地租改正の時に、江戸時代から続く小字地名をそのままですべて引き継いだものと考えられます。

私の住んでいる八幡町那比森地区には明治の地租改正の折の資料が福常寺に保管されていました。それを整理してみたところ、現在の小字数は以前の約五分の一に集約されていることが判明しました。面積が特に少ない小字、場所が特定しにくい小字、個人名を付した小字等はこの時に集約されたようです。廃止されたとは言え今も通称地名として普通に使用されているものもあります。

一方、五條市では平均小字面積においても郡上市の二三・二ヘクタールに対して一・四ヘクタールであり、一六分の一くらいの面積となります。この値は山林面積も含んでいるため、居住・耕作地の小字面積はもっとはるかに狭くなります。

次は郡上市と五條市西吉野町の代表的な小字地名を抽出して比較したものですが、両地区とも山村地帯であることから、「山」「谷」「平」「尾」等が上位を占めていることは順当であると思います。

谷

「谷」については西吉野町が六七〇ヶ所、郡上市が一三五ヶ所とかなり少ないが、同じ地形を郡上市では「洞」と呼び、四〇二ヶ所あるので合わせれば妥当な数値と言えるでしょう。

谷地形を洞と呼ぶことについては説明が長くなるため別の機会に譲りたいと思います。

平

「平・ひら」については郡上市では二二〇ヶ所あり、川や平地から見た山の開けた斜面を言い、「平・たいら」は一〇ヶ所ほどで、等高線の間隔の広い、平坦地のことを言いますが、「平・ひら」の方が圧倒的に多いです。

しかし、五條市西吉野町では全く反対の数値であり、「平・たいら」二五八ヶ所、「平・ひら」が一五ヶ所です。現地の字絵図を見ないとよくわかりませんが、郡上市より山深いとも言える西吉野町に、「平・たいら」地名がこんなに多いことも不思議です。また「平・ひら」の一五ヶ所も少なすぎます。

「平・ひら」は全国的にあるとは言え、平坦でない山腹や傾斜地を「平・ひら」と表記・表音することには以前から釈然としないものを感じていましたが、「ひら」の表音はともかく、「平」の表記は全くの当て字であり、「開・ひらき」が妥当ではないでしょうか。「そこの尾根を越えると開きに出る」という用法は何度か聞いたことがあります。

迫

「迫」については五條市西吉野町が三一三ヶ所もあり、郡上市が一九ヶ所と少ないですが、山の「平・ひら」の小さな、普段はあまり水の流れていない谷状の地形が、「迫・さこ」と普通に呼ばれています。人の住んでいない山間部の小字面積は集落地区の数倍以上あることが多く、「〇〇山」や「〇〇平・ひら」に包含されて小字地名になりにくかったと考えられます。

奈良県についてもほぼ同じ地形を「迫・さこ」と呼ぶと思われます。郡上市とほぼ同じ山間部の西吉野町に、「平・たいら」「迫・さこ」地名が多く、「平・ひら」が少ないのは「平・ひら」がもっと細かく「平・たいら」と「迫・さこ」等のほか、可住地の小字に細分されているからでしょう。なぜならば、西吉野町では郡上市でいう山の「平・ひら」に集落が形成されている箇所が多いからです。

このことは五條市の小字地名が郡上市よりはるかに多いことや、その平均面積が小さいこととも関係があるのではないでしょうか。

岸

「岸」については郡上市にはありませんが、西吉野町には二八二ヶ所もあります。『日本国語大辞典』で検索すると、どうも川岸や海岸ではなくて、西日本の方言で「土地の切り立ったところ。ガケ、石垣、土手等」を言うようです。奈良県でも吉野地方にダントツで多い地名です。

風呂

岐阜県にはありませんが、吉野地方には「風呂」地名もかなり多く見受けられます。五條市と吉野郡で三五二ヶ所もありますが、「風呂」、「フロ」が一〇ヶ所に「石風呂」が一ヶ所、あとは「風呂谷」、「風呂本」、「風呂上・下」等の風呂関連地名がほとんどです。

古代の石風呂（蒸し風呂）関係の地名なのか、何かほかの意味があるのか不明ですが、私と同じ好奇心を持たれた方が調査されて、アップされた記事がネット上にありました。ほとんど神社か神社跡に行き着いたということでした。『日本国語大辞典』で「ふろ」を検索すると、方言として、愛知県宝飯郡や岡山県の一部では「森」のことを言うようです。また、島根県では「ふろ」は「神社の森」のことをさすと解説されており、柳田国男も論文『風呂の起源』で以下のように述べておられます。

『美作誌』に美作方言で森をフロという。『雲陽志』には出雲仁田郡石原村に御崎森（ミサキフロ）があり、又石見邑智郡沢谷村の御崎風呂、備中中川郡平川村の疫神風呂、同郡油野村の風神風呂などの小字名がある。林と書いてフロとよませるものに美作真庭郡勝山町大字日田の桑林（クワブロ）、社をフロとよませるものに三河宝飯郡八幡村の中社（ナカブロ）もある。神の森のフロと浴場のフロは無関係ではなかろう。

作成した奈良県小字地名データベースで吉野地方の「フロ」を名寄せすると、大字ごとにほぼ一ヶ所の「風呂・フロ」「風呂本」地名があり、その周辺に「風呂谷」、「風呂上・下」、「風呂向」、「風呂ノ側」等が見受けられます。このことは風呂がその集落の象徴であり、どこからも見えるランドマークであるからだと考えられます。

したがって多くの巨木で構成される神社の社叢（遠くから見てもこんもりと円形に膨らみ、正面に鳥居があって一ヶ所のみ参道から内部に入れる）は石風呂や竈（フロ・フド・クド）、内部が空洞に作られた「室」と共通するイメージがあったのではないでしょうか。実際にそこに石風呂や温泉等の現代で言う風呂があったわけではないようです。


一つ気になることがありますが、吉野地方には熊野神社がほとんどありません。高野山から熊野本宮への熊野古道「小辺路」、大峰山への奥駆けルートもあるのに熊野末社が二社しか無いのは不自然です。

熊野神社の読み方が「ゆや社」「いや社」と音読みで呼ばれる地方があるそうで、のちに「ゆや」が「熊野」の音読みであることがわからなくなり、「湯屋」が当て字されたところもあるということです。なぜかは不明ですが「湯屋」は吉野には三四ヶ所ほどあります。「いや」は一〇〇ヶ所以上見受けられます。さらに「湯屋」が何らかの事情で「風呂」に変わったことは考えられないでしょうか。ちょっと飛躍しすぎかもしれませんが。

それとも、吉野では熊野神社が何らかの事情でタブー視された時代があったのでしょうか。試しにChat GPTに聞いてみたら、吉野地区周辺には高野山や大峰山があるから熊野神社の招請には遠慮があったのでは、というような回答でした。もっともらしい仮説ですがどの集落にも稲荷神社や八幡神社、春日神社等がありますので、納得行きません。また、高野山は金剛峯寺を中心とした真言宗の寺院であり、大峰山も金峰山寺を中心とした修験の寺院ですから神社とは少し違うような気がいたします。

「湯屋・ゆや」「いや」「風呂」地名に隠された謎があるのかもしれません。

垣内

「垣内」については郡上市に二〇〇ヶ所、五條市西吉野町には五二四ヶ所と多いのに、意味が確立していない、本書のテーマでもある謎の小字地名です。以前にも触れていますが、次章で再度詳しく述べてみたいと思います。

二、奈良県になぜカイト地名が多いのか

地名研究者である池田末則氏は奈良県の地名研究をもとに、『日本地名伝承論』を発行されました。奈良県における地名の分布等を詳細に調査され、地図上にも落とされており、その業績にはただただ感服するのみであります。

氏は「『垣内・カイト』地名については奈良県に三一五〇ヶ所あり、全国一である。そして『カイト』は大和地方に発生した古語であろう」と言われています。

私は「カイト」は非農耕民に対する律令制・班田収受法による口分田に代わる公地の区画であろうと考えており、八世紀の前半頃からの制度に基づく施策であろうと考えています。もちろん律令制の制度であれば詔か勅のような公文書による指示がなされて実施されるものですが、『続日本紀』をはじめ各種の格を探してもそれらしい詔や勅は見当たらないため確固たる証拠は無く、仮説の段階です。しかし、関連すると思われる記事は見受けられるので、それらにより検証を試みてみたいと思います。

コラム

縄文時代概説Ⅱ（縄文から弥生へ）

縄文後期から弥生にかけて、気候の冷涼化により、日本の人口は激減し、縄文中期の二六万人から晩期には八万人とされています。その頃から大陸では春秋戦国時代に入り、戦火を逃れて日本に漂着する、いわゆる渡来人が増加し始めます。彼らの多くは北九州に上陸し、鉄器と稲作により勢力を拡大していきますが、在地縄文人とどのような接触があったかについては定かではありません。

埴原和郎・東京大学名誉教授の仮説では「縄文人という基層集団の上に、弥生時代以降、北東アジア起源の渡来系集団が覆いかぶさるように分布して混血していった」と表現されています。「覆いかぶさるように」という表現は面白い表現ですが、遺伝子レベルのことだと思います。また埴原氏は七世紀までに約一〇〇万人の渡来があったという説も発表されています。そうした渡来人とその子孫たちは、縄文人も住まない低地平野を開墾して農地を広げていったと考えられます。稲作に支障のある縄文集落も、文字通り「覆いかぶさるように」飲み込んでいったのではないでしょうか。

弥生中期以降になると西日本各地に環濠集落が造られます。村の周囲に濠を巡らせ、敵の襲撃を防いだものと考えられます。隣接する村や小国同士の土地や人、水、保存米をめぐる争いが生ずるようになったのでしょう。鳥取市の青谷上寺地遺跡等で刀傷のある人骨や矢の突き刺さったままの人骨が複数発見されています。

弥生時代の始まりは、紀元前三、四世紀というのが定説でしたが、現在では紀元前一〇世紀頃という説が主流になりつつあります。おそらく北九州等地域によってはそうであろうと思われますが、全国の半分以上の面積においては、紀元前四世紀においても紀元四世紀・六世紀においても、弥生時代以降の特徴である稲作文化に転換した確証は、得られていないのではないでしょうか。むしろ、縄文晩期の狩猟採集・漁労を主とした生業が継続されていたというのが実態であり、縄文文化と弥生文化が、ほぼすみ分けていた時代であると考えます。

異民族、他民族の侵略による文化の置換は世界に数多くあります。日本の弥生時代に渡来した異民族（渡来人）による文化と言語の置換はあったのでしょうか。渡来人の人数ははっきりわかりませんが、いくつかの仮説の中間五〇万人としても一〇〇〇年で割ると年間五〇〇人となります。その人たちが東北はじめ、全国で弥生人とすみ分けてきた縄文人の末裔と接触することはほとんど無かったのではないでしょうか。

私は縄文文化が好きです。なぜかと問われても返答の仕様がないのですが、歴史上起きた事実を思想的、政治的に追究・解明するような力はありません。文化の置換はその民族にとって死に値するほど悲しい出来事だと思います。現在の日本語は弥生時代に大陸から持ち込まれた言葉と、縄文語が融合して完成されたと言われますが、その根拠にも納得するものではありません。

もちろん、渡来人の影響を無視するものではありませんが、基本的には、日本においては文化・言語の置換は無く、現在の日本文化、日本語の源が縄文時代であることに私は確信を抱いています。二四〇〇年も前の歴史は冷静な目で見るより仕方ありませんが、隠し隔ての無い真実を知りたいと思うのみです。

第八章

農耕を拒否する縄文人たち

律令制・班田収受法は戸籍の導入と対で実施され、簡単に言えば国民から税を徴収するための制度です。すべての土地は国のもの（公地公民制）であり、それを公民である国民に貸与して耕させ、その収穫から税を徴収するというものです。

したがってほぼすべての民に対して農地（口分田）を貸し与えねばならず、完全な実施はむつかしく、口分田も足りなかったようです。特に縄文人の末裔はその時点でも主な生業は狩猟採集・漁労であり、もちろん今まで税等は、払った経験は無かったでしょう。それらの人々から徴税するには、農耕民に転換させなければならなかったと推察されます。このため縄文人の末裔等「農耕を営まない民」に対して農地を貸与したのがカイトであると考えます。

また、「農耕を営まない民」についても説明が必要であると考えます。日本は紀元前四世紀頃約一万年余り続いた縄文時代が終わり、弥生時代に変わりました。今から約三〇〇〇年前、縄文晩期頃から稲作や鉄器を携えた渡来人が多数、戦禍を逃れて大陸から移住してきて、九州北部等で米の生産が盛んになります。こうした状況が数百年続いて人口が増加し、四国・本州へと移住が始まります。

弥生時代に続いて古墳時代となり、全国に豪族による小国が興り、それらが統一されて大和朝廷が東北と北海道を除く全国を平定します。東北以北については稲作がむつかしく平安時代まで狩猟採集の縄文文化が継承され「続縄文時代」が続いたとされますが、蝦夷の反乱や南九州隼人の反乱を見る限り、縄文人たちは、弥生人(稲作農耕民)が豪族等から搾取・隷属される様子を見聞する中で、自由の無い稲作文化を拒否したものと私は考えています。

本州の近畿以東の山間部についてもほぼ同じ状況が続いたと思います。

郡上市についても、典型的な山間部であり、長良川両岸の氾濫原や平地にも多くの縄文遺跡がありますが、そこには弥生・古墳遺跡も重なっており、その場合には「カイト」地名も全く無いか少ないことも判明しました。多分弥生人の入植によりそこに住んでいた縄文人が奥地へ移転したのであろうと考えられます。山間部の縄文人たちの居住地は地形的に通行も厳しく、ほとんど小平地であり、稲作に適していなかったために弥生人は入植してこなかったのであり、あまり大きな対立も無く両者が棲み分けできたのです。

そうした状況に終止符が打たれるのは大和朝廷による律令制の施行であり、戸籍と班田収授法の導入であります。完全施行までには多くの年月を要したと思われますが、東北以北を除く全国の津々浦々まで戸籍および計帳が作成され、一応口分田を貸与して、租庸調の税が徴収できる状況になったのです。

一、「天下の民戸に一～二〇町歩の陸田を支給……」

前にも述べたように農耕をしようとしない縄文人等のためにとられた施策の詔と思われるものが『続日本紀』に残されています。養老三年（七一九）に出された**「天下の民戸に一～二〇町歩の陸田を支給し、一反当り粟三升の地子徴収」**という詔です。

『続日本紀』ではこの詔に続いて「六道ノ諸国遭テ旱ニ飢荒ス。開テ義倉ヲ……」とあり、備荒対策であると言われていますが、この陸田がどのように配付されたのかについてはわかっていません。また、文中にある**「民戸」**がすべての国民を表すのか、特定の民を表すのか、「みんこ」と読むのが正しいのかも不明です。

「陸田」、「粟三升」と表現されているので主に畑であったと考えられます。畑と言っても焼き畑か自然栽培地等、その集落の不完全耕作地を収公して再配分した程度と考えます。「天下の民戸に一～二〇町歩」という配付面積を考えると、一戸ごとにしては面積が広すぎます。カイトの面積、縄文遺跡の大きさ等を考慮すると、複数戸に一ヶ所のカイトが支給されたと考えられます。

その根拠として入会地であったため売買・譲渡がむつかしく、カイト地名が現在まで残された一つの理由と考えられますし、惣山等の入会地のことを「カイト山」「カイト田」等と呼ぶ通称地名が各地に残されています。

私は「民戸」は六七五年に天武天皇により廃止された部民制「民部（かきべ）」の集落である「民処（かきどころ）」と同意であると解釈します。したがって「民戸（かきと）」と読みたいと思います。「カキト」であれば「キ」がイ音便（発音しやすいように変化）により「イ」に変化して「カイト」になる可能性は大であると考えます。

岐阜県においては、縄文遺跡とカイトの関係が密接であることを書きましたが、奈良県では五〇〇〇ヶ所ものカイトがあるにもかかわらず、縄文遺跡は非常に少ないのです。岐阜県の非農耕民はほとんど縄文人であったと言えますが、奈良県については そうばかりとは言えません。

奈良盆地においては大和朝廷以前からの都として早くから栄え、都の造営、維持のために全国から多くの人々が集められました。そうした人たちの一部が定住化して非農耕民の集落を形成したと考えられないでしょうか。非生産者の多い都の運営には膨大な物資が必要であり、現在のような商工業に近い形態の職業も多くあったことは否定できません。多くの市場が立ったことも地名から推察でき、それらを支えた生産者も多く要したことは言うまでもないことでしょう。

二、狩猟・漁労制限および肉食禁止令と農耕強制

非農耕民の多くは奈良時代になっても豪族や朝廷の隷属から免れていた辺境の縄文人たちであったろうと思います。それが戸籍・計帳が編まれ、公地公民制による班田収授法が導入され、農地が与えられ、種子が配られ、農耕指導がなされて、ほぼ強制的に狩猟採集から農耕に転換を迫られたのがカイトであろうと考えます。

先にも述べましたが、当時の国において最も重要な問題は国にまつろわない東北の蝦夷や南九州の隼人たちでした。このため「征夷大将軍」という官職が設けられ、坂上田村麻呂等が活躍しました。しかし多くの兵士と武器等の資材が国の経済に少なからず影響を及ぼしたことは想像にかたくなく、関東や中部、いわゆる東国のまつろわぬ民、縄文人の末裔たちの動向は心配であったと思われます。このため農耕

への転換により生活を安定させ、土地に張り付けて反乱等を防止すると同時に、徴税による国力の増強を図ることは重要な政策であったと考えられます。

しかし、一万年以上続いた狩猟採集・漁労の生業から簡単に転換したとは考えられません。どうしても慣れた手っ取り早い方を選ぶのは当然であり、農耕に専念することはできなかったであろうと思います。

ところで日本は明治の初めまで食肉の習慣はありませんでした。一般には仏教の関係で動物の殺生が忌み嫌われているからだと言われていますが、果たしてそうでしょうか。

私は、時の為政者の立場で狩猟採集民を農耕民に転換させるためにどうするかを考えてみたことがあります。結果、狩猟採集・漁労を禁止することを思いつきましたが、そんなことをしたらすぐ暴動が起きたかもしれません。

実際にそうしたことが行われなかったか調査したところ、天武天皇四年（六七五年）に最初の肉食禁止令の詔が発出されていることが判明しました。『日本書紀』より全文を引用しますと今より以後、諸の漁猟者を制して、檻穽《おりおとしあな》を造ること、及機槍《ふみはなち》等の類を施くこと莫《なか》れ。亦四月朔より以後、九月二十日より以前に、比満沙伎理《ひまさきり》、簗《やな》を置くこと莫れ。且、牛、馬、犬、猿、鶏の宍を食らふこと莫れ。以外は禁例に在らず。若犯す者有らば罪せむ。

(狩猟の制限については、今後「檻・おり」、「穿・落とし穴」、「機槍・ふみはなち」等の仕掛罠を造ることを禁ずる。漁労については、四月一日より九月二十日までは「比満沙伎理・ひまさきり」、「簗・やな」を置くことを禁ずる。肉食禁止についても四月一日より九月二十日までは牛、馬、犬、猿、鶏の肉を食べることを禁ずる。これ以外は禁止としない。若しこれらの制令を犯す者があれば、処罰する)

この詔は六六四年に甲子の宣により定めた民部《かきべ》を廃止した直後に発せられたものであり、律令国家を志向し、旧弊の諸制を改革したこの年に出された意味を考えると、宗教的な意味ではないと考えられます。

当時の日本国は稲作農耕国家を目指しており、対する狩猟採集・漁労は好ましくない生業でありました。前述の狩猟の制限、肉食の禁止令を詳しく見てみると、「檻・

おり」、「穿・落とし穴」、「機槍・ふみはなち」等の仕掛罠については設置してはならない、ということのようですが、その表向きの理由は人間にとっても危険だからでしょうか。それとも動物の殺生禁止？　いいや、その他の方法による猟は禁じていないのですからよくわかりません。「比満沙伎理・ひまさきり」、「簗・やな」についてはは乱獲防止・種の保存のため？　なぜ四月一日より九月二十日までなのでしょうか。

やはり農繁期が関係あるのではなかろうか、と私は考えます。当時の狩猟の獲物の大半は檻・落とし穴・機槍等の仕掛罠であったと思われます。また鮎等漁労の獲物も当然春から秋にかけてが最盛期であったはずです。

そう考えると狩猟採集・漁労を生業とする人たちの、農耕への転換を促す国の政略ではないかと疑ってしまいます。

しかし、最後の肉食禁止令については、牛、馬は農耕用に使われたと考えれば、農繁期に殺すことはよくないと考えられますが、犬、猿、鶏についても食べられていたのでしょうか。禁止したということは普通に食べられていたという可能性もあります。稲等農作物の生育のために殺生の汚れを禁止したとも受け取れますが、これ以外の方法で得た肉食は例外とされているのですから違うようにも考えられます。もちろん仏教・神道も関係無い話です。

総合すると、狩猟・漁労の一部を制限すると同時に肉食の一部も制限して狩猟・漁労民の生活を圧迫して、稲作等農耕への転換を強制していると思えるのです。

この詔より二九年前（六四六年）に孝徳天皇より次のような詔が出されています。

凡そ畿内より始めて四方の国に及るまでに、農作の月に当たりては、早く営田ことを務めよ。美物と酒とを喫はしむべからず。

要するに「農繁期には早く田作りにいそしめ。美食と酒は飲食させてはならない」ということなのです。肉食云々は触れていませんが、根底には稲作の拡大による徴税と国力増強を第一に目論む国の絶対的な方策が見え隠れしているのです。

この後も何度か同様の詔が出されますが、少なくとも奈良時代においては非農耕民であり、狩猟採集・漁労から抜けようとしない縄文人等への根気を要する政策であったろうと考えられます。何度も出されているということは守られなかったからだと考えられますが、制令通り懲罰することができなかったことは、反乱の危険性があったからであり、匙加減をしながら徐々に農耕民への転換を図ったのでしょう。

第九章

結論　カイトから読み解く日本人の源流

本書では、日本全国のほとんど小字にのみ存在する「カイト」地名の由来とその分布、縄文遺跡との関係を追究してきました。

カイトは縄文時代の命名地名ではなく、縄文文化を守り、以降一〇〇〇年以上生き永らえた縄文集落に対して施行された大和朝廷の施策によって生まれたと考えています。

仮に『日本書紀』でいう民部「民地・かきどころ」が現在の「垣内・カイト」地名の語源であるとしたら、その時期は部民制が普及した五五〇年（古墳時代後期）～七五〇年（奈良時代前期）であり、中心は大化の改新・律令制の成立時期であると考えられます。第五章の一で述べたようにカイト地名が藤原京跡地に多数あって、平城京跡地にほとんど無いことから藤原京が廃都となった七一〇年以降七五〇年くらいの間に設定されたと考えられます。

「カイト」は非農耕民に対する律令制・班田収受法による口分田に代わる公地の区画と考えられます。これは国の政策として、国司等によりほぼ同時に関東にも導入されたと考えられます。カイトの表音がそのまま取り入れられました。それが「ヤト・ヤツ」等の地名として残っているのです。

非農耕民の多くは奈良時代になっても豪族や朝廷の隷属から免れていた辺境の縄文人たちであったろうと思います。それが戸籍・計帳が編まれ、公地公民制による班田収授法が導入され、農地が与えられ、種子が配られ、農耕指導がなされて、ほぼ強制的に狩猟採集から農耕に転換を迫られたのでしょう。

当時の国において、縄文人の末裔たちを農耕へ転換させることで安定した生活を送らせ、土地に張り付けて反乱等を防止すると同時に、徴税による国力の増強を図ることは重要な政策であったと考えられます。

しかし、一万年以上続いた狩猟採集・漁労の生業から簡単に転換したとは考えられません。縄文の人たちにとっては、狩猟採集の生活は自然の営みと共に生きる豊かな生活であったのではないでしょうか。

最後に、縄文の人々の暮らしと文化の継承について推論を立ててみたいと思います。

一、縄文時代の人口概説

縄文時代の人口については山内清男氏の説が一般的であり、縄文中期が約二六万人、晩期が八万人とされています。遺跡数や気候変動から出された数値らしいですが、中期はともかく、晩期についてはすんなり受け入れがたい数値であります。

私の研究しているカイト地名はかなり高い確率で縄文遺跡との分布が重なっています。それがどういうことかと言いますと、カイト地名のある場所には奈良時代初めに稲作をしない狩猟採集・漁労を主たる生業とする集落があったということです。すなわち縄文晩期から弥生・古墳・飛鳥時代の影響をあまり受けず、継続して集落が営まれていたということなのです。

いわば東北・北海道の続縄文時代とほぼ同じなのですが、違うのは後から東進してきた渡来系の弥生人等と住み分けて、ひっそりと営まれてきた点です。そのような非農耕民に与えられた土地がカイトだとすれば、縄文晩期に遡り、集落数と人口が推定できると考えられます。弥生時代に入り日本列島の気候も温暖化が進み、狩猟採集・漁労の生業も安定してきたと考えられます。しかし、自然と共存する営みでは、そこから得られるパイには限度があり、集落の規模、人口が大きく増加することはなかったでしょう。

竪穴式住居は一戸に家族全員、五~六名が生活していたと言われています。カイトは一ヶ所あたり二戸~五戸くらいの共有地として与えられたと考えられますので、現在郡上市で伝えられているカイトが約二〇〇ヶ所として、最低でも五人×二戸×二〇〇ヶ所で、縄文晩期の郡上市の人口は約二〇〇〇人と推計してみました。

二、縄文文化の継承

縄文晩期から奈良時代初めまで一〇〇〇年もの間、狩猟採集・漁労で集落を継続することができたのかと、問われるかもしれませんが、縄文時代はそれ以前一万年余りも継続していたのですから十分考えられることでしょう。

郡上市で確認された弥生遺跡は一〇ヶ所余りであり、古墳遺跡も長良川に沿って五〇ヶ所ほどありますが、住居跡は一ヶ所のみであり、ほとんどは墳墓跡です。縄文遺跡の二三〇ヶ所と比較すると郡上市の縄文時代は一〇〇〇年ほど長かったのかもしれません。

このことは先にも述べた通り関東・中部はじめ、その他の地方の山間部においても同じ状態であったろうと考えられます。

また、岐阜県の弥生遺跡はほとんど中期以降と考えられますが、以前の弥生時代の始まりが紀元前四〇〇年としても、岐阜県における縄文人たちは、弥生人が移入してくるまでにすでに五〇〇年ほど同じ生業を継続していたのです。

さらに郡上市の縄文遺跡とカイト地名の分布を見ると約二二〇ヶ所ある縄文遺跡はほとんど詳しい発掘調査がなされていません。奈良文化財研究所の『遺跡データベース』では「包含地」という分類になっており、定住地であったかどうかは確認できません。

旧各町村史の古代編から出土品等を調べて推測するのですが、半分の一〇〇ヶ所くらいは狩場跡等住居を伴わない遺跡か、何らかの事情で縄文晩期以前に、放棄されている遺跡と考えられます。さらに七〇ヶ所くらいは弥生人の進入で彼らの集落に併合されたか、追い払われたと推測されます。その根拠は、弥生遺跡の発見された一三ヶ所とその隣接する約七〇ヶ所の縄文遺跡周辺にはカイト地名が全く無いことです。

また、カイト地名があるのに縄文遺跡が無い箇所が四〇ヶ所ほどありますが、まだ遺跡が発見されていないか、弥生人の進入で集落を捨てて奥山に逃げ込んだ、居住地としての歴史の浅い、遺跡としては痕跡の薄い縄文人集落も、あるのではないでしょうか。

残りの五〇ヶ所と、カイト地名があるのに縄文遺跡が無い四〇ヶ所が、奈良時代初めまで狩猟採集、漁労、すなわち縄文文化を継続していたと考えられます。郡上市におけるカイトの無い地域、すなわち稲作を生業とする弥生人等のテリトリーは、長良川、吉田川流域の河岸段丘上の平坦地であり、郡上市総面積の数パーセントにも満たない面積です。一方、縄文人の末裔たちはトチ・クリ・クルミ等の堅果や動物、やまいも・山菜等を求めて山奥深くまでテリトリーを広げています。

郡上市ほどではなくとも、弥生・古墳時代とは言え、国土の三分の二以上の面積は縄文人の末裔が支配していたであろうと私は推察します。それを示してくれたのがカイト地名の分布なのです。

おわりに

以上のように、郡上市のカイトから始まり、岐阜県、奈良県、関東地方一円と範囲を広げて調査をしてきました。

七五才までに研究の集大成として出版をする予定でいましたが、癌の宣告を受け、コロナ騒ぎに巻き込まれ、思いもしなかった高齢による体力の衰えに、空白の七〇代を過ごしてしまいました。長い年月を費やした研究にしては確信が持てないまま出版を迎え、なんとも空しい心残りがあります。

今一つ釈然としないのは、やはりカイトの意味が説明されていないことにあります。柳田国男も『垣内の話』の中で、最初は期待を込めて、かなり興奮気味に語っていますが、『地名の研究』では、「『郷土研究』に必ず研究せらるべくして、ついにこれという説にも接しなかったのは垣内の問題である。村の歴史を調べる人々にとっては遺憾なことであるが、つまりそれだけに込み入った概念を得にくい事柄なれば仕方が無い」と言って全国のカイトの実情を例示するにとどめているように、カイトはまだまだ奥が深いのだと思います。

私はこれまで研究を進めてきて、このことをかなり重く受け止めています。これだけ全国に数多く残されているカイトが、六国史等に一ヶ所も記載が無いことにも疑念を覚えます。

「すべての記録は勝者の記録」と言われていますが、六国史はじめ幾多の記録から勝者にとって、都合の悪いことは抹消されている可能性は十分考慮する必要があると思われます。カイトの意味が不明なのもそうしたことがあったのではないでしょうか。


弥生時代から奈良時代までは日本の政治の中枢は、大陸からの渡来系の人たちによって行われていたと言われています。彼らの先祖は大陸の戦禍を逃れた難民であったと考えられますが、漂着した北九州付近の原住民たちはどのような対応をしたのでしょうか。

少なくとも、追い返したりせず、住む土地を提供したのではあるまいか。そこで稲作を営み、原住民との融合を図りながら人口を増加して東へ移住していったのであり、日本の文化・言語にも馴染んでいたのではないでしょうか。そうした意味で日本の文化・言語の置換は無かったと考えます。

大陸から来た彼らとて中華思想の持ち主であったろうが、日本の中枢を占めることにはいくらかの遠慮があったと思われます。したがって、日本人に対する厳しい措置は記録から抹消、あるいは改ざんされた可能性があります。

しかし、多くの民衆が使う言葉と地名は、抹消することはできません。奈良県のカイト、千葉県のヤツ地名はそれぞれ五〇〇〇ヶ所以上も現存します。これほどのサンプルがあれば近い将来、必ず明確に解明されることは間違いないと考えています。

カイト地名が現代に伝える真実を明らかにするために、本研究が寄与することを願っております。

〈著者紹介〉
井藤一樹（いふじ　かずき）

昭和17年（1942年）9月生まれ
昭和36年　岐阜県立郡上高校普通科卒
日本電信電話公社入社
平成6年　NTT中途退職（52歳）
八幡町議会議員（3期）
平成7年　カフェ＆クラフトハウス ハーブ開店

趣味
- バードカービング
  平成元年より10年頃にかけて
  岐阜県博物館外各地で展示会・個展開催。
- 郷土研究・地名研究
  高賀山倉仰と鬼退治
  カイト地名と律令制
  餅穴地名と鉄
  洞・美濃地名と物部氏等
- 植物観察・山歩き（頂上へは行かない）

カイト地名《ちめい》と縄文遺跡《じょうもんいせき》　謎《なぞ》の関係《かんけい》

2024年12月19日　第1刷発行

著　者　　井藤一樹
発行人　　久保田貴幸

発行元　　株式会社 幻冬舎メディアコンサルティング
〒151-0051　東京都渋谷区千駄ヶ谷4-9-7
電話　03-5411-6440（編集）

発売元　　株式会社 幻冬舎
〒151-0051　東京都渋谷区千駄ヶ谷4-9-7
電話　03-5411-6222（営業）

印刷・製本　中央精版印刷株式会社
装　丁　　村上次郎

検印廃止

ISBN 978-4-344-69188-9 C0021
幻冬舎メディアコンサルティングＨＰ
https://www.gentosha-mc.com/